말하다가 길을 잃는
당신을 위한 설명 치트키 100

언어의 해상도를 높여주는 소통의 기술

말하다가 길을 잃는 당신을 위한 설명 치트키 100

후카야 유리코 지음
조해선 옮김

흐름출판

설명은 상대를 똑바로 보는 데서 시작된다

- 설명하면 할수록 상대방이 답답해한다.
- 결국 하고 싶은 말이 뭐냐는 소리를 자주 듣는다.
- 상대방이 본래 내 의도와 다르게 받아들인다.
- 공들여 문서를 작성해도 지적을 받고 매번 다시 쓴다.
- 사람들 앞에 서면 말이 꼬이고 머릿속이 하얘진다.

혹시 이런 일로 고민하지는 않는가?

뛰어난 능력과 열정을 갖춘 사람일수록 자신과 상대방 사이의 간극을 메우지 못하고 헛도는 경우가 있다. 그런 이유로 설득에 실패해 자신이 본래 가진 실력을 펼치지 못하는 것은 참으로 안타까운 일이다.

일이 원하는 대로 흘러가지 않으면 우리는 곧잘 '설명이 부족했기 때문'이라며 스스로를 탓한다. 그래서 많은 사람이 설명하는 능력을 갈고닦기 위해 글 쓰는 법이나 말하는 기술을 배우려고 애쓴다.

하지만 기술을 배우는 데에만 몰두하면 안타깝게도 '설명을 잘하는 사람'이라는 목표에는 가까워질 수 없다. 글쓰기나 말하기 같은 기술은 자신과 상대방 사이의 틈을 '어떤 식으로 메울 것인가' 하는 수단에 지나지 않기 때문이다. 애초에 둘 사이에 거리가 얼마나 떨어져 있는지를 모르면 다리를 만들 줄은 알아도, 실제로 다리를 놓을 수 없는 것과 마찬가지다.

설명을 잘하기 위해 첫 번째로 필요한 것은 관찰력이다. 상대방을 유심히 관찰하고 자신과 상대방 사이의 거리를 가늠할 줄 알아야 한다. 상대방이 어떠한 상황에 있는지, 무엇을 궁금해하는지, 어떻게 하고 싶어 하는지를 알아야 설명의 토대를 마련할 수 있다. 그리고 토대를 다지고 기술을 쓸 때에야 비로소 자신과 상대방 사이에 튼튼한 다리를 놓을 수 있다. 그렇기에 이 책에는 설명을 잘하기 위한 토대를 쌓고 기술을 익히는 방법을 담고자 했다. 크게 관찰력부터 시작해 표현력, 설득력, 호소력, 장악력, 전달력까지 여섯 가지로 나눠 살펴본다.

나는 20년 이상 제조업체에서 근무했다. 이과 출신은 아니어서 입사 초기에는 총무 관련 업무를 맡았다. 그러다가 어느 날 갑자기 공장에서 일하게 되었다. 전혀 다른 분야였기에 주위에서 쏟아지는 전문 용어를 하나도 알아듣지 못했다. 상사의 지시도, 건네받은 자료의 내용도, 거래처에서 오는 문의 전화도 의미를 알 수 없는 말로 가득했다.

그래서 나는 말과 이미지를 연결하는 작업에 집중했다. 눈으로 보고 알 수 있는 것이라면 실물을 확인하고, 어떠한 현상을 가리키는 것이라면 현장에 직접 나갔다. 스스로 이해하기 어려운 것은 해당 분야를 잘 아는 사람에게 "무엇과 비슷할까요?"라고 물어가며 이해의 폭을 넓혀 나갔다. 이러한 노력을 거듭한 끝에 조금씩 전문 용어의 의미가 머릿속에 들어오기 시작했고, 어느덧 전문 용어를 쓰지 않고도 이해하기 쉬운 말로 설명할 수 있게 되었다.

그 뒤로 공장의 안내인이 되어 견학을 온 어린이부터 전문가, 나아가 언론을 대상으로 환경 정책, 시설 관리, 설비 등에 관한 설명을 도맡았다. 지역 주민을 위한 강좌나 학교에서 특별 수업을 이끌기도 했다.

이렇게 팀원, 상사, 다른 부서 직원, 외부인 등 입장이 전혀 다른 사람들에게 설명하는 경험을 쌓으면서 깨달은 점이 하나 있다. 설명을 잘하려고 하면 오히려 원하는 결과를 얻지 못한다는 사실이다.

그동안 나는 설명하는 데 집중하느라 상대방을 제대로 보지 않고 있었다. 상대방이 내 말을 들어주길 기다릴 게 아니라 내가 먼저 상대방을 이해하기 위해 다가서야 했다. 그렇게 상대방의 입장에 서서 설명하자 일이 술술 풀리기 시작했다. 상대방의 마음을 움직이려면 무슨 말을 해야 하는지, 서로 협력하기 위해서는 어떤 식으로 말해야 하는지가 보이게 된 것이다. 이러한 경험은 훗날 외국의 한 기업으로 이직한 뒤, 가치관이 서로 다른 사람들 사이의 문제를 해결할 때에도 도움이 되었다.

돌이켜 보면 지난 20년은 '어떻게 설명해야 쉽게 들릴까?', '어떻게 하면 상대방의 마음을 사로잡을 수 있을까?'라는 고민에서 비롯된 시행착오의 연속이었다. 이후로는 강사로 활동하며 비즈니스 커뮤니케이션 교육을 진행하거나 설명에 서투른 개인을 대상으로 이해하기 쉽게 설명하는 방법을 가르치고 있다.

이 책에는 내가 이제까지 연구해 온 방법 가운데 '내 생각을 제대로 전달하고, 상대방이 이를 받아들여 행동하게 만드는 설명 치트키'를 100가지로 정리해 놓았다. 순서대로 읽어도 좋고 이럴 때는 어떻게 하면 좋을지 고민되는 부분부터 읽어도 된다. 그러기 위해 어떤 식으로든 활용하기 좋게 만들었다. 하나씩 실천해 나가다 보면 자신감도 생기고 일도 훨씬 쉬워질 것이다.

이 책을 발판 삼아 설명의 고수로 향하는 첫걸음을 힘차게 내딛길 바란다. 그 첫걸음이 여러분 자신뿐 아니라 함께 일하는 사람들의 가능성까지 활짝 열어 줄 것이다.

차례
Contents

2장 | 표현력
누구나 알아듣기 쉽게 말하고 싶을 때

3장 | 설득력
주장에 신뢰를 더하고 싶을 때

4장 | 호소력
사람의 마음을 움직이고 싶을 때

5장 | 장악력
보는 이의 눈과 귀를 사로잡고 싶을 때

6장 | 전달력
얼굴을 보지 않고 소통해야 할 때

이럴 때는	이쪽부터
내 의도대로 잘 전해지고 있을까?	1장 관찰력
형용사와 부사를 많이 쓰는 게 좋을까?	
사실과 의견 중 뭐가 더 중요할까?	
칭찬이나 쓴소리는 어떻게 해야 할까?	
업무를 지시할 때 필요한 것은 무엇일까?	
설명하면 할수록 왜 더 어렵다고 할까?	2장 표현력
딱 맞는 비유는 어떻게 찾을 수 있을까?	
정확하게 말하고 싶은데 설명이 왜 자꾸 길어질까?	
변화를 눈으로 보여 줄 때 효과는 무엇일까?	
어려운 용어를 빼고 말할 순 없을까?	
어떻게 제안해야 한 번에 통과될까?	3장 설득력
다들 왜 숫자가 중요하다고 말하는 걸까?	
상사에게 우수한 부하 직원이란 어떤 모습일까?	
제품이나 상황을 설명할 때는 어떻게 접근해야 할까?	
실수와 실패 앞에서 무엇을 할 수 있을까?	

이럴 때는	이쪽부터
행동을 실제로 끌어내는 방법은 무엇일까?	4장 호소력
설명을 시작하고 끝내는 데도 전략이 필요할까?	
자주 하는 말에 따라 유형을 나눌 수 있을까?	
강한 인상을 주려면 어떻게 해야 할까?	
사람마다 행동을 부르는 스위치가 있을까?	
왜 매번 자료를 다시 고쳐 오라고 할까?	5장 장악력
회의록을 작성할 때 주의할 점은 무엇일까?	
꼭 전하고 싶은 메시지는 어떻게 강조할까?	
한눈에 이해되는 발표 자료는 무엇이 다를까?	
사람들 앞에만 서면 왜 말이 꼬일까?	
화면 너머에서는 내가 어떻게 보일까?	6장 전달력
업무 메일을 쓸 때 기본은 무엇일까?	
상사에게 이모티콘을 쓰는 게 좋을까, 나쁠까?	
SNS 프로필에는 무엇을 어필해야 할까?	
온라인상에서 청중의 반응을 어떻게 이끌어 낼까?	

1장

관찰력

오해 없이 분명하게 전달하고 싶을 때

'내 의도대로 잘 전해지고 있을까?'

설명 치트키 001

사람마다 당연한 것이 모두 다르다

#다양한 관점의 차이

오사카에 사는 A는 오랜만에 도쿄에 거주하는 B와 만나 신칸센 열차가 얼마나 혼잡했는지에 대해 이야기하다가 이상한 점을 발견했다.

B: 신칸센은 요즘도 많이 붐비나요?

A: 그럼요. 후지산이 보이는 좌석은 만석이었습니다.

B: 아, 오른쪽 좌석 말이군요.

A: (속으로) 오른쪽?

오사카나 교토에서 도쿄 방면으로 가는 신칸센의 상행선을 타면 후지산이 '왼쪽'에 보인다. 그런데 도쿄 인근에서 오사카로 가는 신칸센의 하행선을 탄 사람을 기준으로 하면 후지산은 '오른쪽'에 있다. 다시 말해 평소 도쿄에서 출발하는 열차에 탑승하는 B에게 '후지산은 오른쪽'이 당연하고, 반대 방향으로 가는 열차를 타는 A에게 '후지산은 왼쪽'이 당연하다. 이렇듯 서로에게 당연한 것이 사람마다 다르다.

'오른쪽과 왼쪽', '앞과 뒤'는 어느 쪽에서 보느냐에 따라 정반대가 된다. 따라서 '도쿄행 열차에서 봤을 때 왼쪽'과 같이 누구나 같은 의미로 해석할 수 있는 표현을 골라야 정확하게 전달된다.

이처럼 자신이 바라보는 세상과 상대방이 바라보는 세상이 언제나 일치하는 것은 아니다. 평소 별생각 없이 쓰던 말이 실제로는 내가 사는 곳, 다니는 회사 안에서만 쓰는 용어라는 사실을 깨닫고 놀란 적은 없는가? 자신에게 당연한 것이 상대에게는 당연하지 않을 수도 있다는 사실을 기억하자.

Key Point

상대방이 바라보는 세계를 고려하며 말을 고른다.

설명 치트키 002

상대방이 무엇을 궁금해하는지 파악한다

#결과의 차이를 만드는 방향

예전에 나는 공장의 환경 정책에 대해 설명하는 일을 했다. 지역 주민이나 견학차 방문한 사람들이 공장에서 하는 일을 이해하고 신뢰하도록 설득하는 것이 내 임무였다.

어느 날 공장에서 새로 도입한 설비를 주제로 주민 설명회가 열렸다.

"이 공장에서는 대규모 태양광 발전을 도입해 온난화에 대응하고 있습니다."

이렇게 설명하자 사람들은 "그렇군" 하고 심드렁한 반응을 보였다. 그중 한 남성이 질문을 던졌다.

"환경 정책 얘기는 알겠는데, 공장 옥상에서 내뿜는 하얀 연기는 뭐죠? 유해 물질은 아닌가요?"

그때 비로소 깨달았다. 지금까지 내가 한 일은 '설명'이 아니라 '연설'이었다는 사실을. 내가 말하고 싶은 정보만 전달하고 상대방이 궁금해하는 정보는 전달하지 않은 것이다. 주민들이 기대한 것은 '공장이 얼마나 환경 정책을 잘 세웠는가'가 아니라 '새로운 설비가 주변 환경이나 건강에 미치는 영향', '공장의 안전 대책'과 같은 이야기였다.

그날 이후 무언가를 설명할 때 '내가 하고 싶은 이야기'가 아니라 '상대방이 궁금해할 이야기'가 무엇인지를 생각하기 시작했다. 되도록 상대방에게 무엇이 궁금한지를 먼저 묻고 그 물음에 답하는 식으로 설명하려고 노력했다.

가령 먼 지역에서 일부러 공장을 찾아온 사람이 기대하는 것은 홈페이지를 보면 알 수 있는 뻔한 정보가 아니라 현지 실무자에게만 들을 수 있는 이야기다.

상대방이 무엇을 궁금해하는지 미리 파악한 뒤에 설명했더니 이제껏 어정쩡했던 반응이 확연히 달라졌다. "설명을 들으니 마음이 놓인다", "우리도 같은 고민을 하고 있다"와 같은 대답이 돌아왔다. 그리고 '공장에 대한 이해와 신뢰 상승'이라는 본래의 목적도 달성할 수 있었다.

Key Point

내가 말하고 싶은 정보가 아니라 상대방이 궁금해하는 정보를 전달한다.

설명 치트키 003

형용사와 부사 대신 사실과 숫자로 말한다

#해석의 오차를 줄여라

길이 막혀서 미팅에 늦을 것 같다. 이럴 때는 거래처 쪽에 연락해서 뭐라고 설명하겠는가? 흔히들 이렇게 말한다.

"죄송합니다. 차가 밀려서 조금 늦을 것 같습니다."

이제 기다리는 사람의 입장에서 생각해 보자. 자신에게 '조금'은 10분 정도인데 상대방은 2~3분 정도를 생각할지도 모른다. 그렇게 2~3분쯤 지나면 상대방은 '왜 아직도 안 오지?' 하는 생각과 함께 짜증이 나기 시작할 것이다. '조금'이라는 단어를 서로 다르게 해석하기 때문에 벌어지는 일이다.

이럴 때는 다음과 같이 말하자.

"죄송합니다. 차가 밀려서 10분 정도 더 걸릴 것 같습니다."

만약 시간을 예측하기 어렵다면 현재 위치를 알려 주자.

"죄송합니다. 차가 밀려서 아직 ○○쪽입니다."

이렇게 구체적인 정보를 주면, 상대방도 앞으로 얼마나 걸릴지 예상할 수 있으므로 마음 편히 기다릴 것이다.

'크다, 높다, 빨갛다'와 같은 형용사나 '굉장히, 거의, 조금'과 같은 부사는 사람마다 다르게 해석된다. 그래서 오해가 생기기 쉽다. 비즈니스 관계에서 이러한 오해는 일 처리를 늦출 뿐 아니라 신뢰를 떨어뜨리는 데 영향을 준다. 그러니 누구나 똑같이 해석할 수 있도록 '사실'과 '숫자'를 써서 구체적으로 전달하자.

Key Point

사람에 따라 다르게 해석하지 않도록 객관적 정보를 활용한다.

설명 치트키 004

대명사가 아닌 고유명사를 쓴다

#대상을 또렷하게 밝히기

'그, 그녀'나 '이것, 그것, 저것'과 같은 대명사를 쓰면 여러 번 같은 말을 반복하지 않아도 돼서 편하다. 하지만 그것들이 구체적으로 무엇을 가리키는지 모두가 알고 있는 상황이 아니라면, 일할 때는 이러한 대명사 사용을 삼가자. 앞서 말했다시피 비즈니스 현장에서는 누구나 똑같이 해석하도록 설명할 필요가 있기 때문이다.

"그 안건은 다 준비됐습니까?"라고 물으면 듣는 이는 '그 안건'이 무엇을 가리키는지 알기 어렵다. 상사는 '다음 주 예정인 A사와의 회의'를 이야기한 것인데 부하 직원은 '내일 있을 사내 회의'로 받아들일 수도 있다. 따라서 정확히 전달하려면 다음과 같이 고유명사를 써서 말해야 한다.

"다음 주 예정인 A사와의 회의는 다 준비됐습니까?"

또 다른 예문을 살펴보자.

당시 중국에서는 초미세먼지를 심각한 문제로 다루었다. 특히 겨울이 되면 그 농도가 높아지는 경향이 있었다. 그것은 연료를 태울 때 발생한다. 그래서 그러한 공장에 대한 강도 높은 규제가 이루어졌다.

아마 읽으면서 내용이 머릿속에 바로 들어오지 않았을 것이다. 왜냐하면 '그, 그것'과 같은 대명사가 무엇을 가리키는지 생각하면서 읽어야 하기 때문이다. 게다가 '그러한 공장'이 초미세먼지를 일으키는 공장인지, 연료를 태우는 공장인지조차 분명하지 않다.

위 예문의 대명사를 구체적인 단어로 바꿔 보자.

당시 중국에서는 초미세먼지를 심각한 문제로 다루었다. 특히 겨울이 되면 초미세먼지 농도가 높아지는 경향이 있었다. 초미세먼지는 연료를 태울 때 발생한다. 그래서 연료를 태우는 공장에 대한 강도 높은 규제가 이루어졌다.

전보다 훨씬 이해하기 쉬운 문장이 되었다.

비즈니스 현장에서는 대명사를 사용하지 말고 가리키는 대상을 분명하게 밝히자.

설명이 조금 길어지더라도 정확한 내용 전달을 우선한다.

설명 치트키 005

주어를 생략하지 않는다

#당연히 알 거라는 착각

보통 대화를 하는 사람 사이에 '말하지 않아도 안다'라는 전제가 있을 때 주어를 생략한다. 하지만 일상생활이나 비즈니스 현장에서는 말하지 않으면 알 수 없는 상황도 존재한다. 다음과 같은 경우를 살펴보자.

"이번 주 회의는 금요일 오후가 어떻겠냐고 하십니다."

이것만으로는 회의 시간을 제안한 사람이 누구인지 알기 어렵다. 말한 사람이 부장인지, 과장인지 아니면 고객인지를 밝히지 않으면 상대방의 머릿속에는 물음표가 떠오를 것이다.

"이제 곧 100명을 돌파할 것 같습니다."

위 경우 역시 무엇이 100명을 돌파한다는 소리인지 알 수 없다.

"이번 주 회의는 금요일 오후에 진행하면 어떻겠냐고 부장님이 말씀하셨습니다."
"이제 곧 지원자가 100명을 넘어설 것 같습니다."

이렇게 주어가 있으면 이해하기 쉽다.

우리는 자신이 아는 정보를 상대도 알 것이라고 여길 때 주어 없이 말한다. 그러나 누구나 당연하게 아는 경우가 아니라면, 주어는 생략하지 말자.

Key Point

'누가'에 해당하는 정보를 명확히 제시한다.

설명 치트키 006

어순을 바로잡아 모호함을 없앤다

#중의적 표현 피하기

어느 날 뉴스를 보는데 이런 멘트가 흘러나왔다.

"약 20킬로그램의 복어 열다섯 마리를 제단에 올렸습니다."

이 소식을 들은 나는 그만 거대 복어를 상상하고 말았다. 물론 한 마리에 20킬로그램이나 나가는 복어가 세상에 존재할 리 없으므로 '열다섯 마리가 총 20킬로그램이란 얘기구나' 하고 바로 깨달았지만, 참으로 머리가 혼란스러워지는 순간이었다.

'약 20킬로그램의 복어 열다섯 마리'는 '20킬로그램짜리 복어가 열다섯 마리'로도 읽을 수 있고 '20킬로그램 + 복어 열다섯 마리'로도 읽을 수 있다. 사람마다 여러 의미로 해석할 여지가 있는 셈이다.

그렇다면 나는 어쩌다 '20킬로그램짜리 복어'를 상상하게 되었을까? 바로 어순 때문이다. 우리는 보통 수식어가 바로 뒤에 오는 단어를 꾸민다고 받아들인다. 그래서 '약 20킬로그램의'라는 수식어가 뒷말인 '복어'를 꾸민다고 해석한 것이다. 오해 없이 전달하려면 다음과 같이 어순을 바꾸는 편이 좋다.

"복어 열다섯 마리, 약 20킬로그램을 제단에 올렸습니다."

이렇게 말하면 의미가 분명해진다.

예문을 하나 더 살펴보자.

안경을 쓴 아이를 데리고 있는 여성

여기서 안경을 쓴 사람은 아이일까 여성일까? 어느 의미로든 해석할 수 있다. 하지만 아마 대다수는 아이가 안경을 썼다고 생각할 것이다. 만약 안경을 쓴 사람이 여성이라면 '수식어는 바로 뒤에 오는 말을 꾸민다'라는 점을 염두에 두고 다음과 같이 어순을 바꾸는 게 좋다.

아이를 데리고 있는 안경 쓴 여성

이처럼 설명할 때는 어순만 바로잡아도 의미를 올바르게 전달할 수 있다.

Key Point

수식어가 어떤 단어를 꾸미는지를 고려해 어순을 정한다.

설명 치트키 007

사실을 먼저, 의견은 나중에

#믿음직한 판단의 근거

거래처 미팅에서 돌아온 A가 "미팅은 어땠어?"라고 묻는 상사의 질문에 다음과 같이 대답했다고 가정해 보자.

"거래처 직원의 반응이 그럭저럭 괜찮았습니다."

대체 무엇이 그럭저럭 괜찮았는지 알 수가 없다. 되레 상사로부터 그런 개인적인 감상은 필요 없다는 핀잔을 듣기 쉽다.

"오늘 미팅에는 거래처의 B 과장도 참석했습니다. B 과장이 우리가 준비한 견적서를 보더니 내일 부서 회의에서 논의해 보겠다고 합니다."

이처럼 사실을 먼저 전달해야 듣는 사람도 어떤 상황이었는지를 쉽게 파악할 수 있다. 게다가 A는 '그럭저럭 괜찮았다' 정도로 생각했더라도, 상사는 '그 회사 C 부장은 견적서를 까다롭게 따져 보기로 유명하니 부서 회의에서 가격 인하 이야기가 나올지도 모르겠군'이라고 예상할지 모른다. 이런 경우라면 '가격 인하를 요구할 상황에 대비해 대안을 마련해 놓자'라는 판단을 내리고 다음 행동에 나설 수 있다.

개인의 의견은 상대방이 "○○ 씨는 어떻게 생각해요?"라고 물을 때 전달하면 충분하다. 그리고 의견을 말할 때는 '이건 제 개인적인 생각입니다만'이라는 말로 시작하자. 어디까지가 사실이고 어디부터가 의견인지를 알아야 상대방도 오해하지 않는다.

Key Point

비즈니스 현장에서는 객관적인 사실부터 전달한다.

설명 치트키 008

의견을 물을 때는 내 생각부터 말한다

#의견을 먼저, 사실은 나중에

앞서 사실부터 말하라는 이야기를 했다. 그런데 항상 그렇지는 않다. 상대방이 "○○ 씨는 어떻게 생각하세요?"라고 의견을 묻는다면, 먼저 자신의 생각을 전달하고 그것을 뒷받침하는 사실을 덧붙이는 방식으로 설명하자. 만약 의견을 물었는데도 '사실 다음에 의견'이라는 순서를 고집하면 어떻게 될까?

"○○ 건 관련해서 어떻게 생각하세요?"

"아, 그 건이요. 사실 전에 이런 일이 있었습니다."

이렇게 사실부터 이야기하려고 들면 의견을 물은 상대방의 머릿속에는 물음표가 떠오를 것이다. 순서를 건너뛴 대화에 '내 질문에 왜 대답을 안 하지?'라고 생각할지도 모른다. "어떻게 생각하세요?"라고 묻는다면 "이렇게 생각합니다"라고 대답하는 것이 먼저다. 그런 뒤에 왜 그렇게 생각했는지 판단의 근거를 덧붙이자.

"제 생각은 이렇습니다. 왜냐하면 전에 이런 일이 있었기 때문입니다."

이런 순서로 말하면 대화가 매끄럽게 흘러간다. 그뿐 아니라 뒤따라오는 이유에 귀가 저절로 기울여진다.

특히 어떠한 판단을 내려야 하는 위치에 있다면, 자신의 의견을 뒷받침하는 사실을 함께 전달하는 습관을 들이자. 의견만 말하기보다는 '왜 그렇게 생각했는지'를 함께 언급하는 것이 듣는 이에게 믿음을 줄 수 있기 때문이다.

Key Point

의견을 말할 때는 근거가 되는 사실을 함께 덧붙인다.

설명 치트키 009

내비게이션에만 의존하지 않는다

#남들보다 앞서가는 법

회사에 손님이 방문할 예정이다. 회사에 오는 것은 이번이 처음이라고 한다. 여러분이라면 어떻게 길 안내를 하겠는가?

오늘날에는 구글맵 같은 지도 앱을 사용하면 목적지까지 가는 경로나 소요 시간을 미리 알 수 있다. 지도 앱에서 공유 기능을 클릭해 상대방에게 링크를 보내 두면 앱이 알아서 내비게이션 역할까지 해주므로 매우 편리하다.

그런데 이런 경험은 없는가? 지하철역에서 지도 앱이 알려준 출구를 지나 지상으로 나왔더니 어느 쪽으로 가야 할지 헷갈린 적 말이다. 지도 앱은 '1번 출구로 나와서 동쪽으로 300미터

직진'이라고 안내하는데, 막상 밖으로 나오면 어느 쪽이 동쪽인지 알 수가 없다.

이렇듯 낯선 장소에서는 동서남북이 어디인지 알기 어렵다. 지도 앱에 방향이 표시되어 있기는 하지만, 지하에서 지상으로 나온 직후에는 현재 위치를 정확히 알려 주지 못할 때가 많다.

회사에 처음 방문하는 손님이 헤매기 쉬운 지점을 조사해 두었다가 지도 앱 링크에 다음과 같은 안내를 덧붙여 보자.

1번 출구로 나와서 오른쪽으로 300미터 직진

'동서남북'보다 '오른쪽인지 왼쪽인지'로 설명할 때 기준이 분명해져 누구나 알기 쉽다. 이처럼 상대방의 시점에서 문제를 바라보면 쉽고 친절한 안내가 가능해진다.

길 안내는 나와 상대방이 만나야 목적이 달성된다. 이때 작은 수고를 더하면 그 과정이 훨씬 수월해진다. 그뿐 아니라 상대방에게 세심하다는 인상도 남길 수 있다.

Key Point

상대방의 시점에서 문제를 설명한다.

설명 치트키 010

전달한 내용을 제대로 이해했는지 확인한다

#크로스체크의 중요성

설명의 끝은 무엇이라고 생각하는가? 바로 자신이 전달한 내용과 상대방이 이해한 내용이 같은지를 확인하는 것이다. 만약 상대방이 머릿속으로 구체적인 이미지를 떠올리지 못하거나 자신과는 다른 이미지를 떠올린다면 착각이나 오해가 생길 가능성이 높다.

한번은 외국에서 근무할 때 이런 일이 있었다. 팀원에게 배관 보수 공사를 맡기면서 '왜 보수하는지', '어떤 식으로 보수하는지' 등에 대해 설명했다. 그리고 몇 달 뒤, 공사가 끝났다는 보고를 받고 확인차 곧바로 현장을 방문했다. 그런데 원래 계획대로라면 열려 있어야 할 밸브가 잠겨 있었다.

당시에는 밸브까지 열어 놓아야 한다고 주의를 주고 마무리 했는데, 애초에 나와 그 팀원이 생각하는 '공사 완료'의 이미지가 서로 달랐다는 사실을 뒤늦게 깨달았다. 팀원이 생각하는 공사 완료는 '새로운 배관 연결'이었다. 하지만 내가 생각하는 공사 완료는 '새로운 배관을 연결하고 밸브까지 열어 놓은 상태'였다.

그때 나는 '서로 같은 이미지를 떠올렸는지 확인하는 것'이 얼마나 중요한지를 깨달았다. 당시에는 공사에 대해 한차례 설명한 뒤 팀원에게 "OK?"라고 물은 게 전부였다. 만약 무엇을 어떻게 해야 하는지 직접 설명해 보라고 한 번 더 확인했다면 그 팀원도 나도 기분 좋게 일을 마무리할 수 있었을 것이다.

설명할 때는 상대방의 머릿속에 구체적인 이미지가 떠오르도록 적절한 표현을 골라 가며 말하는 것이 중요하다. 그리고 설명을 마친 뒤, 상대방에게 이해한 내용을 자신의 언어로 다시 한번 말해 달라고 요청하자. 그렇게 하면 오해와 착각을 막을 수 있다.

Key Point

설명 뒤에 상대방이 나와 같은 이미지를 떠올렸는지 확인한다.

설명 치트키 011

"다시 말해 ○○라는 의미입니다"

#설명의 해상도 높이기 ①

오해와 착각은 말하는 사람과 듣는 사람의 머릿속에 떠오른 이미지가 일치하지 않을 때 발생한다. 그런데 설명을 마치고 나서 상대방에게 이해했는지 물으면 대다수는 그렇다고 답한다. 이때 상대방은 '구체적인 이미지는 떠오르지 않지만 마치 이해한 것 같은 상태'이다.

나도 상사에게 업무 지시를 받을 때는 분명히 이해했다고 생각했는데, 막상 일을 시작하려고 보니 내용이 헷갈려서 실수한 적이 있다.

따라서 설명할 때는 상대방의 머릿속에 이미지가 선명하게 떠오르도록 '해상도'를 높이는 것이 중요하다. 해상도를 높일 때 활용하면 좋은 표현을 세 가지 소개하겠다. 그중 첫 번째가 "다시 말해, ○○ 라는 의미입니다"이다.

예를 들어 "우리 회사는 'At your side' 정신을 바탕으로 사업을 펼치고 있습니다"라고 아무리 설명해도, 상대방이 'At your side'가 무슨 뜻인지 모르면 의도가 전달되지 않는다.

반면에 이것을 "우리 회사는 'At your side' 정신을 바탕으로 사업을 펼치고 있습니다. 다시 말해 언제나 고객의 요구와 목소리를 경청하고 그것을 위해 무엇을 할 수 있을지 고민해 행동한다는 의미입니다"와 같이 다른 말로 풀어낸 내용을 덧붙여 주면 잘 전달된다.

또 다른 예시를 보자. "우리 집은 샤워실과 화장실이 한 공간에 있고 바닥도 구분 없이 이어져 있습니다"라고 설명을 끝내는 대신, "다시 말해 샤워를 하면 화장실 바닥까지 물바다가 되어 버립니다"라고 덧붙이는 것이다. 이러면 어떤 이미지를 전달하고자 하는지가 훨씬 선명하게 와닿는다.

Key Point

'다시 말해' 뒤에 다른 말로 바꾼 설명을 덧붙인다.

설명 치트키 012

“예를 들면, 비유하자면”

#설명의 해상도 높이기 ②

듣는 사람의 머릿속에 이미지가 선명하게 떠오르도록 해상도를 높이기 위한 두 번째 표현은 “예를 들면”과 “비유하자면”이다. 이 표현은 전체 내용을 추려서 전달하거나 전문 용어, 업계 용어, 유행어 등에 보충 설명을 붙일 때 쓰면 효과적이다.

“우리는 평소 많은 기기의 도움을 받으며 살아간다”라는 문장을 보자. 이것보다는 “우리는 평소 많은 기기의 도움을 받으며 살아간다. 예를 들면 세탁기나 전자레인지 같은 가전제품으로 집안일을 손쉽게 해치우고 컴퓨터와 스마트폰을 이용해 수많은 정보를 빠르게 공유할 뿐 아니라 자동차, 기차, 비행기를 타고 자유롭게 이동한다"라는 설명이 구체적인 이미지를 떠올리는 데 도움이 된다.

전문 용어나 업계 용어는 말하는 사람과 듣는 사람의 배경지식이 비슷하다면 그대로 사용하는 편이 알아듣기 쉽다. 하지만 배경지식이 서로 다르면 상대방에게 전혀 전달되지 않는다.

예를 들어 "레이저 가공기란 렌즈로 레이저를 모아 쏘아서 금속판을 자르는 장치다"라고 하면, 실제로 레이저 가공기를 본 적 없는 사람은 어떤 방식으로 작동하는지 알아듣기 어렵다. 하지만 "레이저 가공기란 렌즈로 레이저를 모아 쏘아서 금속판을 자르는 장치다. 비유하자면 돋보기로 햇빛을 한 점에 모아 검은 종이를 태우는 방식과 같다"라고 하면 누구나 쉽게 이해할 수 있다.

이처럼 머릿속에 이미지를 떠올리기 어려운 표현이나 전문 용어를 사용할 때는 구체적인 예시를 들거나 누구나 알 만한 것에 비유하자.

Key Point

예시나 비유를 들면 머릿속에 이미지를 떠올리기 쉽다.

설명 치트키 013

"구체적으로, 자세히 말하면"

#설명의 해상도 높이기 ③

이제 마지막으로 세 번째 표현을 살펴보자. "구체적으로"와 "자세히 말하면"은 '힘들다', '재밌다'와 같이 어떠한 상황에 대한 해석이나 감정을 설명할 때 사용하면 효과적이다.

사람의 내면을 표현하는 말에는 형체가 없다. 듣는 이는 그저 자신의 경험을 바탕으로 비슷하게 상상해 볼 뿐이다. 그래서 자신의 해석이나 감정 자체를 남에게 설명하기란 쉽지 않다. 기껏해야 "가슴이 죄어 온다", "심장이 입 밖으로 튀어나올 것 같다" 정도가 아닐까.

예를 들어 "글쓰기에 자신이 없었는데 요령을 알고 나니 글쓰기가 즐거워졌습니다"라고 하면 어렴풋한 느낌만 전달된다. 여기에 아래와 같이 에피소드를 더하면 어떨까?

"글쓰기에 자신이 없었어요. 구체적으로 말씀드리면, A4 용지 한 장을 쓰는 데만 두세 시간이 걸렸습니다. 그렇게 작성한 기획안도 상사에게 지적받기 일쑤였습니다. 하지만 글쓰기 요령을 알고 나니 몇십 분 만에 기획안 하나를 완성할 수 있었고 상사에게도 긍정적인 평가를 받았습니다."

당시의 상황이 눈앞에 생생하게 펼쳐져 '왜 자신이 없었는지', '글쓰기가 즐거워졌다는 것이 무슨 의미인지'를 쉽게 이해할 수 있다. 이처럼 사람의 내면을 설명할 때는 막연한 단어로 이야기하기보다는 실제 사례를 곁들여서 상황을 묘사하는 것이 좋다.

Key Point

사람의 내면을 표현할 때는 관련 사례를 덧붙인다.

설명 치트키 014

요구 사항은 세부적으로 제시한다

#퇴근이 빨라지는 소통의 기술

· 사내 커뮤니케이션 활성화를 도모한다.

위는 '일하기 편한 직장'을 만들기 위한 논의 과정에서 나온 아이디어이다. 구체적으로 무엇을 하면 좋을지 명확한 이미지가 떠올랐는가? 아마 '무슨 말을 하고 싶은지는 알겠는데 구체적으로 뭘 하란 소리지?'라는 생각이 들었을 것이다.

왜냐하면 '커뮤니케이션', '활성화', '도모하다'라는 단어의 의미가 모두 모호하기 때문이다. 단어가 추상적이면 받아들이는 사람에 따라 해석의 차이가 생긴다. 구체적으로 어떤 상태가 되어야 '활성화'되었다고 할 수 있을까? '커뮤니케이션'이란 정확히 무엇을 뜻할까? 결국 이에 대한 설명이 필요해진다.

실제로 이 아이디어를 낸 사람들에게 어떤 의미인지를 물었다. 그랬더니 "그동안 접점이 없던 다른 부서 직원들과 이야기를 주고받고 나니 그다음부터는 소통하기도 편하고 인맥이 넓어져 업무 진행이 훨씬 빨라졌다. 그래서 부서 간에 서로 알아가는 시간을 마련해 보고 싶었다"라는 답변이 돌아왔다.

이후 이 아이디어는 다음과 같이 바뀌었다.

달마다 주제를 정한 뒤 각 부서에서 한 명 이상 참가하는 형식으로 교류의 장을 마련한다.

이렇게 설명하면 구체적으로 무엇을 바라는지 명확해진다. 원하는 결과를 얻기 위한 경로를 구체적으로 제시해 실현 속도를 높이자.

Key Point

목표에 이르는 데 필요한 행동을 구체적으로 제시한다.

설명 치트키 015

능력, 신념, 가치관을 칭찬한다

#열 칭찬 안 부러운 한마디

칭찬하는 방식에 따라 기쁨의 정도는 달라진다. 예를 들어 “옷이 참 멋있네요”라는 말보다 “그런 옷을 고르다니 센스가 좋네요”라는 말을 들었을 때가 더 기쁘지 않은가?

이처럼 누군가를 효과적으로 칭찬하고 싶을 때 참고하면 좋은 칭찬 포인트가 있다. 몇몇 포인트만 잘 짚으면 상대방은 ‘이 사람이 나를 알아주는구나’라고 생각한다. 반대로 모처럼 건넨 칭찬의 말이 의도를 벗어나 잘못 받아들여지면 상대에게 괜히 점수를 깎아 먹는 꼴이 된다.

팀원이 몇 년 끝에 어려운 자격시험에 드디어 합격했다. 어떤 식으로 칭찬하겠는가? "어려운 시험에 합격하다니 대단해"라고 한다면 팀원은 별생각 없이 건넨 말이라고 느낄지도 모른다. 시험에 합격했다는 '결과'에만 초점을 맞추었기 때문이다.

시험에 합격했다는 결과의 이면에는 '시험에 합격할 만한 실력' 이외에도 '노력할 줄 아는 자세', '포기하지 않는 마음' 같은 것들이 있다. 나아가 '배움과 성장'이라는 신념과 가치관을 갖추었기에 어려운 시험에 도전할 수 있었을 것이다.

사람이 직접 얻은 결과를 잘 보면 그것을 이뤄 낸 '내면의 능력'과 '왜 그렇게 마음먹었는가?'에 대한 답이 보인다. 그리고 그 안에는 행동을 이끈 신념과 가치관이 깊이 자리하고 있다. 이처럼 칭찬할 때는 눈에 보이지 않는 능력, 신념, 가치관에 집중하자. 예를 들어 다음과 같은 말을 상대에게 건네 보자.

"몇 년 동안 포기하지 않고 해내느라 정말 고생했어."

"성장하려는 의지와 끈기가 정말 대단해."

Key Point

눈에 보이는 '결과'를 가져온 상대방의 '내면'을 칭찬한다.

설명 치트키 016

쓴소리는 환경이나 행동에 초점을 맞춘다

#잔소리는 NO, 쓴소리는 OK

살다 보면 누군가에게 쓴소리를 해야 하는 상황이 온다. 본인은 상대방이 성장하기 위해 필요한 과정이라고 생각할지라도, 자칫 잘못된 방식으로 말하면 상대방은 자신을 공격한다고 받아들일 수 있다.

예를 들어 '칠칠치 못하다', '도무지 실력이 늘지 않는다', '조심성이 부족하다'와 같이 성격이나 능력을 지적하는 말은 듣는 이에게 상처만 남긴다.

쓴소리의 목적은 무엇일까? 상대방의 행동을 바람직한 방향으로 바꾸는 것이다. 결코 그 사람 자체를 고치기 위한 것이 아니다. 따라서 쓴소리를 할 때는 '상대방의 구체적인 행동'이나 그러한 행동을 하게 만든 '환경'에 초점을 맞추는 것이 중요하다. 칭찬할 때는 눈에 보이지 않는 상대방의 능력, 신념, 가치관을 언급하라고 이야기했는데, 쓴소리를 할 때는 그 반대다. 눈에 보이는 사실에만 주목하자.

언젠가 내 팀원이 설비에 이상이 생기면 울리는 경보음을 센서 오작동이라 여기고 현장 상황을 확인하지 않은 채 방치한 적이 있다. 이유를 물으니 "이전부터 오작동이 잦아서 이번에도 오작동이라고 생각했다"라는 답변이 돌아왔다.

이럴 때 "현장 상황을 확인하러 가지 않다니 안일하다. 긴장감이 없어도 너무 없다"라는 식으로 말하면 어떤 일이 벌어질까? 그 팀원은 상처를 받고 주눅이 들거나 현장 상황을 모르는 상사에 대한 반발심을 갖게 될 것이다. 또한 '안일하다', '긴장감이 없다'라는 말만 머릿속에 남아, '경보음이 울리면 무조건 현장을 점검해야 한다'라는 내 진짜 의도는 충분히 전달되지 않을 것이다.

나는 팀원에게 '현장 점검에 나서지 않은 것은 잘못이다'라는 행동 측면의 문제와 '이전부터 오작동이 자주 일어났던 상황에도 문제가 있다'라는 환경 측면의 문제를 함께 전달했다. 그러고 나서 "어떤 식으로 대처하면 좋았을까요?" 하고 물었다. 그러자 팀원은 "자신의 짐작만으로 판단하지 말고 반드시 현장을 확인해야 한다", "애초에 오작동이 발생하지 않도록 대책을 마련해 두어야 한다"라고 대답한 뒤 행동으로 옮겼다.

싫은 소리는 듣는 이나 말하는 이나 모두에게 달갑지 않다. 하지만 쓴소리가 당장 듣기엔 불편해도 상대에게 성장으로 이어진다면 서로에게 그보다 더 좋은 일은 없을 것이다.

Key Point

눈에 보이는 '사실'을 지적하고 어떻게 대처하면 좋았을지 묻는다.

2장

표현력

누구나 알아듣기 쉽게
말하고 싶을 때

'설명하면 할수록 왜 더 어렵다고 할까?'

설명 치트키 017

상대와 이야기의 시작점을 공유한다

#결론부터 말하기의 함정

결론부터 말하기는 업무의 기본 원칙이다. 그렇다고 언제나 통하는 것은 아니다. 결론은 이를테면 도착점과 같다. 도착점을 이야기하려면 어디서부터 출발했는지를 알아야 한다. 즉, 시작점부터 공유해야 한다. 시작점이 엇갈리면 아무리 열심히 설명해도 대화가 잘 이어지지 않는다.

거래처 미팅을 예로 들어 보자. 첫 미팅 때 대화를 나눈 사람이 "앞으로 이 건은 담당자와 진행해 주시기 바랍니다"라는 말을 남기고 사라져, 그다음부터는 다른 사람과 소통하게 되는 경우가 있다. 그럴 때일수록 대화에 앞서 상대방이 어디까지 알고 있는지 '시작점'을 확인하는 것이 중요하다.

만약 다음과 같이 결론을 먼저 말한다고 해보자.

"지난번에 의뢰하신 견적서이고, 금액은 ○○원입니다."

만약 거래처 담당자가 인수인계를 받지 못했거나 '오늘은 얼굴 보고 가볍게 인사만 나누는 자리겠지'라는 마음으로 왔다면 어떻게 될까. 갑작스럽게 금액이 얼마라는 이야기를 듣고 무슨 소리인지 몰라 당황할 것이다.

"저번 미팅에서 A 부장님이 금액을 알려 달라고 하셔서 오늘 견적서를 가지고 왔습니다. 금액은 ○○원입니다."

이렇게 '오늘 나눌 대화의 시작점'을 먼저 짚어 준 뒤에 설명하면, 듣는 사람도 길을 잃지 않고 잘 따라온다.

Key Point

결론부터 말하는 함정에 빠지지 않도록 주의한다.

설명 치트키 018

결론의 순서는 듣는 사람에게 달려 있다

#두괄식 vs 미괄식

설명을 위한 틀은 매우 다양하다. 나만의 틀에 맞춰 설명하면 말하기는 편하겠지만, 그보다 더 중요한 것은 상대방의 사고방식에 맞춰 설명하는 것이다.

나는 이 사실을 중국인 통역사와 함께 일하면서 깨달았다. 평소 그는 내 이야기를 전부 듣고 요점을 정리한 다음 통역했다. 내 말을 일일이 다 옮기려면 시간이 걸리기 때문이다. 그런데 '아마 이런 뜻이겠지?' 하고 자기 나름대로 해석해서 통역한 결과, 내 의도와 다르게 전해지는 경우가 몇 번 있었다.

나는 통역하기 쉬운 말을 써야 할 필요를 느끼고 회사에서 중국인 동료들이 어떤 식으로 말하는지를 유심히 살폈다. 그리고 그들이 '결론 → 구체적인 사례나 근거 나열 → 정리'의 순서로 말한다는 사실을 깨달았다. 시험 삼아 나도 이 순서로 이야기했더니 그 뒤로는 통역사가 내 의도를 제대로 전달해 주었다.

이처럼 상대방의 머릿속에 짜여 있는 틀에 맞춰서 설명하면 더 쉽게 전달할 수 있다. 이는 다른 언어를 쓰는 사람뿐만 아니라 같은 언어를 쓰는 사람을 상대할 때도 마찬가지다. 결론만 바로 듣고 싶어 하는 사람이 있고, 과정을 더 궁금해하는 사람이 있기 때문이다. 시간의 순서에 따라 머릿속으로 내용을 정리하면서 듣다가 마지막에 결론을 들어야 이해가 잘 된다는 사람도 있다.

상대방이 어떤 스타일인지는 평소의 언어 습관으로 미루어 짐작할 수 있다. 예를 들어 결론을 먼저 듣길 원하는 사람은 "요점은?", "요약하면?", "그래서?"와 같은 말이나 '예', '아니요'라고 대답해야 하는 질문을 주로 한다.

한편 시간의 흐름에 따른 과정을 전부 듣길 원하는 사람은 "순서대로 말해 봐", "처음부터 설명해 봐"와 같은 말을 자주 한다.

주변 사람들을 유심히 관찰하자. 그리고 상상력을 발휘해 어떤 스타일일지 고민해 보자. 그러면 상대방에게 자신의 의도를 더 잘 전달할 수 있을 것이다.

평소 말하는 습관을 관찰해 '결론부터 듣길 원하는 사람'인지 '시간순으로 듣길 원하는 사람'인지를 파악한다.

설명 치트키 019

상대방의 눈높이에 맞춰 표현을 달리한다

#설명의 레벨 맞추기

설명할 때는 내가 하고 싶은 이야기가 아니라 상대방이 궁금해하는 이야기를 담아야 한다. 왜냐하면 설명의 목적은 상대방이 들은 내용을 바탕으로 어떠한 행동을 취하도록 움직이는 것이기 때문이다. 따라서 상대방이 내용을 제대로 이해할 수 있게 설명해야 한다.

만약 설명의 대상이 어린아이라면 우리는 어려운 말을 쓰지 않으려고 애쓸 것이다. 불특정 다수의 어른을 대상으로 설명할 때도 마찬가지다. 따라서 처음부터 중학생도 이해할 수 있는 표현을 사용하는 것이 좋다.

예를 들어 "윤리적 소비를 실천합시다"라고 말해도 '윤리적 소비'의 의미를 모르면 실천할 수 없다.

사람과 환경에 해롭지 않은 물건과 서비스를 고릅시다.
어차피 쓸 돈이라면 세상을 더 좋게 만드는 선택을 하는 게 어떨까요?

어려운 말을 쓰지 않고도 얼마든지 설명이 가능하다. 이 외에도 주의해야 할 점이 있다.

어느 날 중국인과 회의하던 직원이 "계획에 차질이 생겼다"라며 문제의 원인을 알리려 했다. 그런데 중국인 통역사가 '차질'이라는 단어를 알아듣지 못해 말이 통하지 않는 상황이 벌어졌다. 이런 일을 막으려면 '계획대로 되지 않았다'와 같이 쉬운 표현을 쓰는 편이 좋다.

앞으로 세계는 점점 더 섞이고 우리도 그만큼 다양한 배경을 가진 사람들과 일하는 경우가 많아질 것이다. 그러니 되도록 누구나 쉽게 이해할 수 있는 말을 쓰려고 노력하자. 가끔 '전문용어를 사용하지 않으면 나를 아마추어로 보지 않을까?'라고 생각하거나 '쉬운 표현을 쓰는 것이 오히려 상대를 무시하는 행동은 아닐까?'라고 걱정하는 사람이 있다. 핵심은 상대방의 눈높이에 맞춰서 말을 고르는 것이다. 누구에게나 통하는 쉬운 말로 설명한다면, 아마추어 취급은커녕 오히려 한 수 위로 볼 것이다.

중학생도 이해할 수 있는 말로 설명한다.

설명 치트키 020

전문 용어는 누구나 아는 말로 풀어 쓴다

#익숙해서 더 위험한 것

모든 직종에는 그곳에서만 쓰는 전문 용어가 있다. 회사를 그만두고 독립해서 일하기 시작했을 무렵, 나는 이제까지 한 번도 들어 본 적 없던 용어를 현장에서 접하고 적잖이 당황했다. 그런데 지금은 그런 용어를 아무렇지 않게 사용한다. 오히려 지인에게 그게 무슨 뜻이냐는 질문을 받을 때마다 전문 용어를 썼다는 사실을 깨닫는다. 이처럼 일상에서 자주 쓰다 보면 그것이 전문 용어라는 사실을 잊기 쉽다.

물론 상대방이 같은 분야에서 일하거나 해당 분야를 잘 아는 사람이라면 전문 용어로 설명하는 편이 소통하는 데 더 편할 수 있다. 그 의미나 뉘앙스를 정확히 대체할 만한 표현을 찾기 어려운 경우도 많다. 그럴 때는 전문 용어를 쓰는 편이 낫다. 하지만 상대방이 해당 분야를 잘 모른다면 되도록 전문 용어를 쓰지 않고 설명해야 한다.

한때 나는 공장의 '동력 부문'이라는 부서에서 근무했다. 여기서 말하는 '동력 부문'은 다음과 같은 역할을 하는 곳이었다.

"동력 부문이란 공장의 수변전 설비와 열원 설비를 운전하고 관리하는 부서입니다."

같은 직종에서 일하는 사람이라면 이렇게 설명해도 알아듣겠지만, 그게 아니면 낯선 용어에 머리를 갸웃하게 된다. 이어서 "수변전 설비란 전력 회사에서 고압 전기를 공급받아 저압으로 변환하는 설비입니다"라고 말한 뒤 "열원 설비란" 하고 운을 떼면, 아마 더는 듣고 싶어 하지 않을 것이다. 그러니 다음과 같이 설명해 보자.

"동력 부문은 공장의 심장과 같은 부서입니다."

이렇게 말하면 듣는 사람은 일단 '멈추면 큰일 나는 부서'라는 이미지를 떠올릴 것이다. 그런 다음 "공장에서 사용하는 전기를 공급하거나 냉난방 설비를 운영하고 관리합니다"라고 덧붙이면, 동력 부문이란 부서를 처음 들어 본 사람도 쉽게 이해한다.

Key Point

전문 용어는 일상에서 흔히 쓰는 말로 대체한다.

설명 치트키 021

상대방이 자주 쓰는 단어를 따라 한다

#대화의 물꼬를 트는 디테일

오늘 이런 말을 했다고 가정해 보자.

"아침부터 스마트폰을 잃어버려서 너무 난감해요."

이때 상대방이 이렇게 대답하면 어떤 기분이 들까?

"휴대전화가 없으면 불편하죠."

왠지 모르게 어색하지 않은가? 상대방이 굳이 단어를 정정해서 말하는 것처럼 들려 묘하게 자신이 잘못 말한 듯한 느낌을 받은 사람도 있을 것이다. 이때는 "스마트폰이 없으면 불편하죠"와 같이 상대방이 사용한 단어를 그대로 써주는 편이 훨씬 자연스럽다.

사람마다 각자에게 '익숙한 단어'가 있다. 이야기할 때 상대방이 자주 쓰는 단어를 그대로 쓰면 설명을 한층 편하게 받아들인다. 머릿속에서 다른 단어로 바꿔서 생각하는 과정을 거치지 않아도 되기 때문이다.

반대로 상대방이 듣는 사람을 개의치 않고 평소대로 자신만 아는 업계 용어를 사용하는 경우가 있다. 그럴 때는 정확한 의미를 파악하기 위해 "구체적으로 무슨 뜻인가요?", "예를 들면 이런 의미인가요?"라고 먼저 물어보자. 의미를 올바르게 이해하고 나서 그 용어를 사용하면, 상대방은 존중받는다는 느낌을 받게 된다.

예를 들어 어떤 회사는 '도급업체'나 '외주업체'를 '협력사'나 '비즈니스 파트너'라고 부른다. 그런 회사에서 일하는 사람에게 설명할 때는 똑같이 '협력사'나 '비즈니스 파트너'라는 표현을 쓰자.

단어에는 그 단어를 사용하는 사람이나 조직의 사고방식과

정서가 담겨 있다. 그래서 같은 단어를 사용하면 상대방은 '나와 비슷하다', '나에게 맞춰 준다'라는 기분을 느끼므로 마음을 열게 된다.

상대방에게 익숙한 단어로 설명하면 쉽게 받아들인다.

설명 치트키 022

수치는 누구나 알 만한 사물에 비유한다

#체감형 데이터 만들기

설명할 때 "숫자를 사용하라"라는 말을 들어 봤을 것이다. '많은 사람이 모여 있다'라고 말하기보다는 '사람이 1,000명 모여 있다'라고 말하는 편이 훨씬 실감 나게 다가오기 때문이다.

그렇다면 이런 식의 설명은 어떨까.

굴뚝의 높이는 22미터다.

얼마나 높은지 상상이 되는가? 아마 22미터라고만 하면 잘 와닿지 않을 것이다. 비교 대상이 없어서 수치만으로는 높이를 가늠하기가 어렵기 때문이다.

굴뚝의 높이는 22미터로, 이는 아파트 9층 높이와 비슷하다.

'아파트 9층'이라고 하면 누구나 대략적인 높이를 떠올릴 수 있다. 이처럼 어느 정도인지 체감하기 어려운 수치는 모두가 알 만한 사물에 빗대면 잘 전달된다.

그 밖에도 '두께 0.1밀리미터는 A4 용지와 비슷하다', '지름 0.8마이크로미터는 머리카락 굵기의 100분의 1과 같다' 등 우리 주변에서 흔히 볼 수 있는 것을 예로 들어 설명하면 이해하기 쉽다. 그러기 위해서는 평소 건물 한 층의 높이, A4 용지의 두께, 머리카락 굵기와 같은 기본 수치를 알아 두면 좋다.

이번 장의 마지막(95쪽)에 '수치를 설명할 때 적절한 예시'를 실어 놓았으니 참고하길 바란다.

Key Point

크기, 높이 등의 수치는 주변에서 흔히 볼 수 있는 것에 비유한다.

설명 치트키 023

보이지 않는 수치에는 기준을 제시한다

#효과적인 자료의 시각화

두께, 높이, 넓이와 같은 수치는 눈에 보이는 사물에 비유해서 설명할 수 있다. 하지만 실체가 없는 현상을 설명할 때는 어떤 방법을 쓰면 좋을까?

태풍의 풍속을 예로 들어 보자. '평균 초속 25미터의 매우 강한 바람'이라고 하면 얼마나 센지 감이 오는가? '평균 초속 15미터의 바람'보다 얼마큼 더 강하냐고 묻는다면 뭐라 해야 할까? 이럴 때는 다음과 같이 기준을 제시하면 쉽게 와닿는다.

초속 15미터의 바람이 불면, 사람은 바람을 향해 걸을 수 없다. 일부는 넘어진다. 그리고 초속 25미터의 바람이 불면, 사람은 무언가를 붙잡아야만 서 있을 수 있다.

강수량에 대해서도 '몇 밀리미터의 비가 내린다'라고 알려 주기보다 '한 달 동안 내릴 비가 하루에 다 내리는 것이나 마찬가지다'라고 설명하는 편이 이해하기 쉽다.

내가 사는 곳에는 풍력 발전소가 있는데, 이 발전소의 출력은 9만 5,000킬로와트다. 하지만 이런 수치만 보면 그 규모가 어느 정도인지 짐작하기 어렵다. 그래서 발전소를 소개하는 책자에는 '일반 가정 약 5만 5,000세대에 전력을 공급할 수 있다'라고 적혀 있다. '세대수'를 기준으로 삼아 이곳에서 생산되는 전력의 규모가 얼마나 큰지 알려 주는 것이다.

이러한 기준은 앞서 살펴본 수치와 함께 공공 기관이나 기업에서 제공하는 정보를 정리해 놓으면 편하다. 사실 확인을 위해 되도록 출처와 근거를 함께 메모해 두자.

Key Point

이미지를 떠올리기 어려운 수치는 체감할 수 있는 기준을 제시한다.

설명 치트키 024

변화를 나타낼 때는 그래프를 활용한다

#그래프는 최고의 시각 자료

많은 사람이 체중계에 올라가 몸무게를 확인한다. 그런데 체중계에 뜨는 숫자는 그 당시의 상태를 나타내는 '점'이어서 '어떤 식으로 변화했는지'까지는 알려 주지 않는다. 점과 점을 연결해서 보여 줘야 비로소 변화의 양상이 눈에 들어온다.

이처럼 숫자만 나열하면 '어떻게 변화했는지', '다른 것과 비교해서 무엇이 다른지'에 대한 정보는 알기 어렵다. 그런데 그래프를 활용하면 말로 설명하지 않아도 변화의 양상이나 차이점을 한눈에 파악할 수 있다.

한 음식점에서 기온, 강수량을 비롯한 기상 정보와 방문 고객 수, 매출액 등의 데이터를 모아 그래프로 만들었다. 그 결과, 비가 오면 고객 수는 줄지만 1인당 주문한 음식값은 맑은 날보다 높게 나오는 것으로 나타났다. 해당 음식점은 그날그날 기상 예보를 보고 추천 메뉴를 바꾸거나 식재료 구매량을 조절하는 방식으로 매출을 늘리고 음식물 쓰레기 처리 비용을 줄이는 데 성공했다. 이처럼 그래프를 그리면 각각의 데이터만으로는 알 수 없었던 새로운 사실이 보인다.

나 역시 그래프의 효과를 실감한 적이 있다. 에너지 절약 캠페인의 일환으로 층별 전기 사용량을 그래프로 만들어 공지했더니, 그 전에 비해 직원들의 참여율이 높아진 것이다.

그래프를 보면 어느 지점에서 전기량이 급격히 내려가는지가 한눈에 들어온다. 그러자 직원들은 '왜 이때는 사용량이 줄었을까?', '왜 이 층만 사용량이 적었을까?'와 같은 의문을 품고 어떻게 하면 전기를 절약할 수 있을지 고민하기 시작했다.

숫자 데이터를 모았다면 그대로 두지 말고 눈에 보이는 그래프로 만들자. 그동안 보지 못했던 사실을 알게 될 것이다.

Key Point

그래프로 나타내면 변화와 차이를 한눈에 보여 줄 수 있다.

설명 치트키 025

이해하기 쉬운 비유는 우리 주변에 있다

#모두가 찰떡같이 알아듣는 비유

'힙 리프트(Hip lift)'라는 운동을 배울 때 있었던 일이다. 힙 리프트는 바닥에 등을 대고 누워 양쪽 무릎을 세운 채로 엉덩이를 천천히 들어 올리는 운동을 말한다. 내가 이 동작을 따라 하면서 엉덩이를 살짝 들자 트레이너가 주의를 주었다.

"엉덩이를 그냥 들면 안 됩니다. 가슴뼈를 충분히 내리지 않으면 의미 없어요."

이 말을 듣는 순간 가슴뼈가 어딘지 몰라 어리둥절했는데,

트레이너가 이어서 다시 설명해 주었다.

"몸 안쪽에 넥타이를 매고 있다고 상상해 보세요. 이제 숨을 내쉬면서 넥타이를 잡고 아래로 쭉 잡아당겨 보세요."

알려 준 대로 이미지를 떠올리자 저절로 엉덩이가 올라갔다. 근육을 자극하는 효과가 방금 전 엉덩이를 들어 올릴 때와는 확연히 달랐다. 신기한 마음에 "어쩌다 넥타이를 생각해 냈나요?"라고 묻자, 트레이너는 "가슴뼈가 넥타이와 비슷하게 생겼거든요"라고 답하며 인체 골격 모형을 보여 주었다.

내 중국어 선생님도 늘 이해하기 쉬운 비유를 들어 가며 정확한 발음을 가르쳐 준다. 내가 '우' 발음을 어려워하자 그는 "뜨거운 다코야키를 입에 넣으면 어떻게 되죠?"라며 요령을 알려 주었다. 그의 말대로 입안에 뜨거운 다코야키가 있다고 생각하면서 혀를 힘껏 내리자 입 안쪽 공간이 세로로 넓어졌다. 그 상태로 발음했더니 제대로 된 소리가 나왔다.

내가 배운 요령을 다른 사람에게 알려 주었더니 그 사람도 똑바로 발음할 수 있게 되었다. 이처럼 알기 쉬운 비유는 누구에게 써도 똑같은 결과를 내는 '재현성'이 강하다.

설명 치트키 026

직접 체감할 수 있는 사례를 든다

#나만의 경험치 활용하기

우리는 주변에서 흔히 볼 수 있거나 경험해 본 일은 쉽게 상상한다. 하지만 아무리 쉽게 설명해도 직접 겪어 보지 않은 일을 상상하기란 어렵다.

언젠가 공장에 초등학생들이 견학하러 온 적이 있다. 나는 공장에 있는 '열 병합 발전 시스템'을 어떻게 설명해야 할지 막막하기만 했다.

열 병합 발전 시스템은 도시가스와 같은 연료를 통해 전기를 만들면서 이때 발생하는 열도 에너지로 이용한다. 한마디로 일석이조의 효과를 내는 설비라 할 수 있다.

하지만 직접 발전기를 돌려 본 경험이 없다면 '전기를 생산할 때 열이 발생한다'라는 사실을 모를 수밖에 없다. 그래서 우리 주변에서 직접 전기를 만드는 사례를 찾아보았다. 예를 들어 페달을 밟아 자전거 전조등에 불을 켜는 것도 일종의 발전이다.

"발전소에서는 천연가스나 석유 같은 연료로 전기를 만듭니다. 연료를 태우면 열이 나는데, 여러분도 지금 몸을 움직여서 덥죠? 몸속에서 열이 만들어졌기 때문이에요."

이렇게 이야기한 뒤 열 병합 발전 시스템도 마찬가지라고 설명하자 아이들은 고개를 끄덕였다. 몸으로 직접 느끼는 경험을 예시로 들면 구체적인 이미지를 쉽게 떠올릴 수 있다. 그러기 위해서는 우선 자신이 몸소 겪어 봐야 한다. '몸으로 느낀 경험치'를 쌓는 것이 설명을 잘하게 되는 지름길이다.

Key Point

평소에 몸으로 직접 부딪히며 예시로 들 만한 경험을 많이 쌓아 둔다.

설명 치트키 027

복잡한 개념은 요소를 나눠 하나씩 풀어낸다

#의미 단위로 쪼개기

사람들에게 너무 생소하거나 어려워서 한마디로 설명할 수 없는 개념이 가끔 있다. 그럴 때는 그 개념이 담고 있는 의미를 나눈 뒤 각각 비슷한 것으로 대체하면 이해하기 쉬워진다.

소프트 렌즈를 예로 들어 보자. 일반적으로 소프트 렌즈를 고를 때는 산소 투과율이 높은 것이 좋다. 하지만 렌즈를 처음 사는 사람에게는 산소 투과율이라는 단어 자체가 낯설다. 산소 투과율이 높은 렌즈가 왜 좋은지 그 이유조차 모를 것이다.

그런 사람에게 "이 렌즈는 산소 투과율이 ○○ 이고……."라고 설명해 봤자 복잡하다는 생각만 들 뿐, 왜 좋은지는 전달되지 않는다. 렌즈를 파는 일을 하던 내 지인은 어떻게 말해야 할지 고민을 거듭한 결과, 다음과 같이 설명했다고 한다.

"눈도 숨을 쉽니다. 렌즈를 끼는 것은 눈에 마스크를 씌우는 것이나 마찬가지입니다. 그러면 숨 쉬기 답답하겠죠. 하지만 산소가 잘 통하는 렌즈를 사용하면 숨 쉬기가 편해집니다."

'각막은 산소를 이용해 신진대사를 한다'를 '숨 쉬기'로 대체하고, '소프트 렌즈는 각막을 덮는다'를 '마스크 씌우기'로 대체했다. 마스크를 쓰면 호흡이 조금 불편하고 답답해지는 것은 누구나 아는 사실이다. 그래서 이런 식으로 설명하면 왜 산소 투과율이 높은 렌즈를 고르라고 하는지 고객도 쉽게 이해한다.

이처럼 어려운 개념을 설명할 때는 그 의미를 몇 가지 요소로 나눈 뒤, 각 요소를 익숙한 것에 비유하자. 그러면 그 말을 처음 듣는 사람도 바로 이해할 수 있다.

Key Point

낯설거나 복잡한 용어는 의미를 나누어 설명한다.

설명 치트키 028

시대와 상황에 맞게 비유를 업데이트한다

#세대별 언어 차이

액정 패널을 제조하는 공장에서 근무할 때 있었던 일이다. 생산 부서에서 신입사원 오리엔테이션을 진행하던 담당자에게 "그동안 쓰던 비유가 통하지 않아 진땀을 뺐다"라는 이야기를 들었다. 액정 패널을 제조할 때는 '노광'과 '현상'이라는 공정을 거치는데, 그동안 이 두 가지 공정을 필름 카메라에 빗대어 설명했다고 한다. 그런데 그사이 필름 카메라를 모르는 세대가 늘어난 것이다.

사실 82쪽에서 전기를 생산할 때 열이 발생하는 현상을 '페달을 밟아 자전거 전조등에 불을 켠다'에 비유한 것도 이제 통하지 않을 가능성이 있다. 요즘은 페달을 밟지 않아도 태양광 패널로 전기를 충전하거나 건전지를 넣어서 전조등을 켜는 자전거가 많기 때문이다. 결국 시간이 갈수록 페달을 밟아 전조등을 켜는 경험을 하는 사람은 줄어들 것이다.

딱 맞는 비유를 찾으면 기분이 매우 좋다. 하지만 안타깝게도 한 번 만든 비유를 계속 쓰지는 못한다. 시대가 변하면서 비유하던 사물이나 현상이 사라지기 때문이다. 따라서 듣는 사람의 연령대를 고려해 비유를 계속 바꿔 나가야 한다.

때로는 국내뿐 아니라 외국에서도 통하는 비유가 필요할 때가 있다. 이제는 번역기의 도움을 받아 외국인과 간단한 대화 정도는 얼마든지 할 수 있기 때문이다. 그러니 마치 게임을 하듯이 즐기는 마음으로 변화에 발맞춰 비유를 업데이트하자.

Key Point

시대나 연령대에 맞춰 비유를 계속 바꿔 나간다.

설명 치트키 029

실제 현장을 보여 준다

#말보다 강력한 행동

자신이 버린 쓰레기가 수거된 뒤의 모습을 떠올릴 수 있는가? 쓰레기가 처리되는 시설의 규모나 환경, 처리장에서 일하는 근로자를 직접 본 사람은 드물 것이다. 실제 현장을 보면 처리 과정은 물론, 어마어마한 쓰레기의 양과 사람의 손으로 이루어지는 노동의 강도에 대부분 깜짝 놀란다.

이러한 경험을 한 사람들은 하나같이 '쓰레기를 줄여야겠다', '분리수거를 꼼꼼히 해야겠다'라는 마음이 절로 들었다고 말한다. 쓰레기를 줄이고 분리수거를 하자고 몇백 번 말하는 것보다 설득의 효과가 훨씬 큰 것이다.

현장을 실제로 보여 주는 것은 상대방을 안심하게 만드는 데도 효과적이다. 한 회사가 신사옥을 지었는데 신사옥 맞은편에는 아파트와 단독주택이 줄지어 늘어서 있었다. 회사에서는 인근 주민을 초청해 내부를 자유롭게 살펴볼 수 있는 자리를 마련했다.

주민들은 직접 신사옥 창문의 블라인드를 올려 자기 집이 어떻게 보이는지를 확인했다. 계단에 설치된 반투명 유리를 가리키며 "이거라면 집이 들여다보일 걱정이 없어서 좋네요"라는 대화를 나누기도 했다. 만약 이런 자리가 없었다면 주민들은 집 안이 남에게 훤히 들여다보일지도 모른다는 불안감을 떨쳐 내지 못했을 것이다.

말로 여러 번 설명하는 것보다 실제 현장을 보여 주는 것의 힘이 더 강하다. 말로는 표현하기 어려운 것도 현장에서는 잘 전해지기 때문이다. 그래서 설명을 잘하는 사람은 언제나 자기 눈으로 보고, 두 발로 뛰어가며 현장을 확인한다.

Key Point

말로만 들을 때와 실제 현장을 마주할 때의 차이는 크다.

설명 치트키 030

보이지 않는 것을 보이게 만든다

#씹고 뜯고 맛보는 즐거움

노벨 화학상을 받은 요시노 아키라는 《촛불의 과학》이라는 책을 읽고 과학에 흥미를 갖게 되었다고 한다. 이는 영국의 과학자 마이클 패러데이가 어린이를 대상으로 강연한 내용을 담은 책이다. 패러데이는 수많은 실험을 통해 양초가 왜 타는지, 양초가 탈 때 어떤 일이 일어나는지를 설명한다.

나도 아이들에게 태양광 발전의 원리를 알려 주기 위해 실제로 실험하는 모습을 보여 주었다. 태양광 발전 시스템은 얼핏 보면 태양광 패널이 줄지어 있는 것이 전부다. 태양의 빛 에너지를 전기 에너지로 바꿔도 색이 변하거나 소리가 나지는 않는다. 그래서 아무리 태양광 발전의 원리를 설명해도 아이들에게는 '전기가 만들어지고 있다'라는 사실이 잘 와닿지 않는 듯했다.

그래서 태양광 패널과 분수 펌프를 연결해 전기가 만들어지는 모습을 물의 높이로 직접 확인하게 했다. "햇빛을 가리면 어떻게 될까?"라고 질문하면서 골판지로 태양 전지판을 덮어 가리자 세차게 솟구치던 물의 높이가 갑자기 낮아졌다. 골판지를 치우자 물이 다시 세차게 뿜어져 나왔다.

그다음으로 "태양광 패널을 이리저리 돌려 보면 어떻게 될까?"라고 질문하자, 아이들은 직접 패널을 여러 방향으로 움직이며 관찰하기 시작했다. 태양을 등지게 하면 물의 세기는 약해졌고 태양을 향하게 하면 물의 세기는 되살아났다.

눈에 보이지 않는 현상을 이해하기는 어렵지만, 그것을 눈에 보이는 형태로 만들면 이러저러한 원리를 설명하지 않아도 분명하게 전달된다. 게다가 눈에 보이지 않던 것이 보일 때는 마음이 더 쉽게 움직인다.

Key Point

눈에 보이면 더 잘 이해될 뿐 아니라 기억에 오래 남는다.

설명 치트키 031

정확한 설명보다는 쉬운 설명이 먼저다

#완성도보다 속도가 생명

설명이 왜 자꾸 길어질까? 바로 '정확성'에 집착하기 때문이다. 무언가에 비유할 때도 '엄밀히 말하면 정확한 비유는 아니다'라는 생각에 설명이 점점 추가된다. 전문가일수록 정확성에 얽매이기 쉽다.

82쪽, 84쪽에서 예시로 든 '열 병합 발전 시스템'이나 '소프트 렌즈의 산소 투과율'에 관한 비유도 엄밀히 따지면 정확하지 않다. 하지만 이야기를 듣는 사람은 전문가가 아니다. 그렇게 자세한 설명을 바라지도 않을 것이다. 듣는 사람에게는 '얼마나 정확한지'보다 '얼마나 이해하기 쉬운지'가 더 중요하다.

설명을 잘하는 사람은 '무엇을 전달해야 하는지'를 1순위로 두고 그 밖의 정보는 철저하게 배제한다. 이 과정에서 조금 맞지 않는 부분이 보이더라도 상대방에게 꼭 필요한 정보가 아니라면 과감히 버리고 전달하고 싶은 내용을 강조한다. 이는 '캐리커처'를 그릴 때와 비슷하다.

캐리커처를 그릴 때는 얼굴에 나타나는 특징을 크게 강조한다. 결코 그 사람의 얼굴을 정확하게 묘사하려 하지 않는다. 하지만 캐리커처를 본 사람들은 누구를 그린 것인지 바로 알아본다.

비유도 마찬가지다. '전달하려는 것의 특징이 무엇인지'를 유심히 관찰하자. 특징을 강조하고 그 밖의 자잘한 것들을 과감히 버리면 이해하는 속도가 더욱 빨라진다.

Key Point

정확성에 집착하지 말고 특징을 강조한다.

설명 치트키 032

공통점을 찾아내
한마디로 요약한다

#나만의 설명 단축키

사람은 기본적으로 '긴 이야기'를 듣거나 '긴 글'을 읽는 것을 좋아하지 않는다. 인터넷 기사를 읽을 때조차 제목을 먼저 보고 본문을 읽을지 말지 판단한다. 이때 본문의 내용을 핵심만 추려 낸 것이 바로 '제목'이다. 비즈니스 현장에서도 설명하고자 하는 바를 한마디로 말할 수 있어야 한다.

본질을 꿰뚫는 '한마디'를 뽑아내고 싶을 때는 설명하려는 내용에 관해 되도록 구체적인 정보를 적어 보면 좋다. 그다음 적어 놓은 정보에서 공통점을 찾자. 어떤 키워드가 포함되어 있는지, 비슷한 점이 무엇인지를 중심으로 살피면서 스스로에게

'결국 무슨 의미일까?', '다른 말로 표현하면?'이라고 되묻다 보면 하나로 묶을 수 있는 말이 결국 떠오른다.

연습 삼아 다음의 세 가지 특징을 가진 신형 청소기를 한마디로 표현해 보자. 이 신형 청소기는 무선이고, 급속 충전이 가능하며, 스위치만 누르면 손을 더럽히지 않고 자동으로 먼지 통을 비울 수 있다.

우선 '무선'이라는 특징을 생각해 보자. '이동하기 편하다', '어디서든 청소할 수 있다'와 같은 표현이 떠오른다. '급속 충전'과 '자동 먼지 비움' 기능은 '빠르다'와 '손쉽다' 같은 표현으로 이어진다. 이제 세 가지 특징의 공통점을 '간편하다', '빠르다'와 같은 키워드로 정리한다. 그리고 이것들을 종합하면 '언제든 손쉽고 재빠르게 청소할 수 있다'라는 한마디로 만들 수 있다.

사실 한마디로 요약하는 작업에는 많은 연습이 필요하다. 일상에서 뉴스 헤드라인이나 책 제목처럼 핵심이 담긴 문장을 분석해 보자. 습관처럼 '이것을 한마디로 표현하면?'이라고 스스로 질문하다 보면 저절로 요약하는 힘이 길러질 것이다.

Key Point

평소에 한마디로 핵심을 표현하는 습관을 들인다.

수치를 설명할 때 적절한 예시

항목	비유의 기준
면적	국제 규격 축구장 7,140제곱미터
높이	아파트 한 층 2.2~2.4미터
두께	A4 용지 약 0.1밀리미터
굵기	머리카락(동양인 여성) 약 0.08밀리미터
밝기(조도)	보름달이 뜬 밤 약 0.2럭스
속도	고속철도 최소 시속 200킬로미터
물의 용량	일반 가정용 욕조 200~280리터
전력 사용량	1인당 10,637킬로와트시※
온실가스 배출량	1인당 13.7톤※

※ 2023년 한국전력공사, 기후에너지환경부

참고: 일본 기상청 홍보물

비의
세기와 종류

바람의
세기와 종류

3장

설득력

주장에 신뢰를 더하고 싶을 때

'어떻게 제안해야 한 번에 통과될까?'

설명 치트키 033

수치를 근거로 제시하면 설득력이 높아진다

#신뢰는 숫자에서 온다

한 회사에서 절전 캠페인을 진행했다. 그런데 다음과 같은 식으로 전달하자 일이 좀처럼 진행되지 않았다.

"이 사무실은 너무 밝습니다. 전기 절약을 위해 조도를 조금 낮춥시다."

직원들은 늘 그렇게 켜놓고 지내 왔기 때문에 '너무 밝다'라는 말에 고개를 끄덕이기 어렵다. 또한 '조도를 조금 낮추자'라고만 하면 무엇을 어떻게 해야 하는지 알 수 없다. 이번에는 다음과 같이 수치를 근거로 함께 제시해 보았다.

"이 사무실의 조도는 600럭스입니다. 법률에서는 사무실에 필요한 조도를 300럭스 이상으로 정하고 있습니다. 다시 말해 조도를 지금의 절반으로 낮추면 그만큼 에너지를 절약할 수 있습니다."

이렇게 설명하면 '너무 밝다'라는 주장의 근거가 명확하므로 직원들도 '사무실 전등의 절반은 꺼놔도 괜찮다'라는 사실을 깨닫는다. 곧이어 직원들은 '이쪽 열의 전등은 하나씩 걸러 켜자'라며 알아서 움직이기 시작했다. 나아가 "절전을 생활화하면 월 ○○ 원의 전기 요금을 아낄 수 있습니다"라고 구체적인 금액에 대해 알려 주면 더욱 적극적으로 행동에 나설 것이다.

이처럼 설명할 때 구체적인 수치를 근거로 제시하면 훨씬 쉽게 납득한다. 그뿐만 아니라 다 함께 협력하는 분위기를 만들고 상대방을 원하는 방향으로 행동하게 만들 수 있다.

Key Point

객관적인 데이터는 주장에 힘을 실어 준다.

설명 치트키 034

감각 정보는 수치로 바꿔 나타낸다

#해석의 오차를 줄이는 법

'밝거나 어둡다', '덥거나 춥다', '시끄럽거나 조용하다' 등 감각으로 받아들인 정보는 사람마다 제각각이다. 자기 기준에는 밝아도 상대방은 별로 밝지 않다고 느낄 수 있다. 이처럼 해석에 차이가 생기면 상대방을 설득하기가 어려워진다. 그래서 이러한 감각 정보는 수치로 바꿔 주는 게 좋다. 왜냐하면 숫자는 누가 봐도 똑같기 때문이다.

감각 정보는 여러 가지 방법으로 측정할 수 있다. 예를 들어 밝기를 잴 때는 조도계, 온도를 잴 때는 온도계, 소리의 크기를 잴 때는 소음 측정기를 써서 '지금 여기서 일어나는 현상'을 눈에 보이는 숫자로 나타낼 수 있다. 체온계나 혈압계 같은 의료용 기구도 눈에 보이지 않는 몸 상태를 숫자로 바꿔 보여 준다. 그 덕분에 우리는 현재 몸이 정상인지 아닌지를 판단할 수 있다.

코로나19 기간에 많은 가게가 실내 이산화탄소 농도를 알려 주는 측정기를 설치했다. 이 역시 보이지 않는 것을 보이도록 바꾼 사례다. 실내 공기 상태는 눈으로 확인할 수 없기에 '감염을 막기 위해 주기적으로 환기합니다'라고 아무리 열심히 설명해도 어떤 이들은 불안해한다. 백번 말하는 것보다 이산화탄소 농도를 숫자로 보여 주는 편이 믿음직스럽다.

감각 정보를 단순히 표현하는 데 그치지 말고 수치화해서 보여 주자.

감각 정보를 눈에 보이는 형태로 만들어 객관성을 확보한다.

설명 치트키 035

숫자를 어떻게 쓰느냐가 판도를 뒤집는다

#결과를 만드는 한 끗 차이

단순히 수치만 보여 준다고 설득력이 높아지는 것은 아니다. 설명하는 목적에 맞춰서 수치의 단위를 바꾸거나 표현 방식을 달리해야 상대방의 마음을 효과적으로 움직일 수 있다. 다음의 글을 예로 들어 보겠다.

0.1퍼센트만 받을 수 있는 사장상을 네 번 수상

'0.1퍼센트'라고 하면 보기엔 그럴듯하지만 얼마나 드문 일인지 바로 와닿지는 않는다. 그렇다면 다음과 같이 바꿔 보자.

1,000명 중 한 명만 받을 수 있는 사장상을 네 번 수상

이렇게 '1,000명 중 한 명'이라고 하면 아주 드문 일이라는 사실이 훨씬 크게 다가온다. 게다가 그런 상을 네 번 받을 확률은 천분의 1을 네 번 곱한 '1조분의 1'이므로 이 숫자까지 넣어 보겠다.

1,000명 중 한 명만 받을 수 있는 사장상을 네 번 수상
(1조분의 1이라는 확률을 뚫고 이뤄 낸 기록)

이제야 얼마나 대단한 일인지 실감이 난다.

수치를 쓸 때는 '이 정보를 활용해 상대방에게 어떤 인상을 주고 싶은지'를 잘 생각하자. 다시 말해 흔치 않은 일이라는 사실을 보여 주고 싶은지, 많다고 생각하길 바라는지 등을 고민해야 한다. 그리고 각각의 목적에 맞게 표현 방식을 바꿔 보자.

Key Point

설명의 목적에 맞춰 수치의 단위나 표현 방식에 변화를 준다.

설명 치트키 036

비교 대상과 함께 숫자의 의미를 전달한다

#판단의 나침반 제공하기

이번 달 매출 실적이 1,000만 원이라고 가정해 보자. 그런데 1,000만 원이라는 숫자만 봐서는 장사가 잘됐는지 아닌지 판단하기 어렵다. 기준으로 삼을 비교 대상이 없기 때문이다. 여기에 '지난달 매출은 500만 원이었다'라는 정보를 추가해 보자. 매출이 두 배 오른 것이 확인되므로 '결과가 괜찮다'라는 판단이 가능하다.

한편 '경쟁업체의 이번 달 매출은 1,500만 원이다'라는 정보를 추가하면 어떤 생각이 드는가? '경쟁에서 이기기 위한 전략이 필요하다'라고 판단할 것이다. 이처럼 숫자에 담긴 '의미'

를 전달할 때는 비교할 대상을 함께 제시하자.

자신이 정한 목표를 상사에게 보고할 때도 마찬가지다. "이번 분기에는 계약을 20건 이상 따내는 것이 목표입니다"라는 말만으로는 타당한 생각인지 아닌지 판단하기 어렵다. 하지만 '지난 1년 동안 계약에 성공한 건수는 월평균 5건'과 같은 정보를 함께 제시하면, 상사는 '좋다'라든가 '목표치를 조금 더 낮추면 어떨까?'라는 식으로 판단을 내려 줄 것이다.

이러한 사고방식은 일상에도 적용할 수 있다. 예를 들어 자료를 복사해서 나눠 줄 때 '1쪽, 2쪽'과 같이 해당 자료의 쪽수만 넣지 말고, '1/8(8쪽 중 1쪽), 2/8(8쪽 중 2쪽)'처럼 전체 쪽수를 함께 표시하는 게 좋다. 총 몇 쪽인지를 알면 낱장으로 흩어지더라도 나눠 받은 자료가 전부인지 아닌지 바로 알 수 있기 때문이다.

이렇듯 숫자 정보를 전달할 때 비교 대상을 함께 제시하면, 상대방은 당신을 '일 잘하는 사람'으로 평가할 것이다.

Key Point

판단에 도움이 되는 비교 대상을 함께 제시한다.

설명 치트키 037

그래프에 메시지를 추가한다

#진짜 하고 싶은 말은 직구로

비즈니스 현장에서는 매출, 비용 산출 내역, 시장 점유율 등 숫자를 다루는 일이 흔하다. 그런데 상대방이 다짜고짜 숫자로 빽빽한 표를 들이밀면 어떤 기분이 들까? 분명 보려던 마음이 싹 사라질 것이다.

수치 분석이 필요한 경우가 아니라면 제안서, 보고서, 발표 자료를 작성할 때는 숫자 정보를 그래프로 나타내자. 숫자만 있을 때보다 훨씬 이해하기 쉽다.

추이나 비교 데이터를 보여 주려면 막대그래프를, 시간의 흐름에 따른 변화를 나타내려면 꺾은선 그래프를, 항목별 비중을 나타내려면 원그래프를 활용한다. 전달하려는 메시지에 맞춰서 그래프를 만들면 훨씬 효율적으로 보여 줄 수 있다.

단, 엑셀 같은 프로그램에서 만든 그래프를 그대로 싣는 정도로는 부족하다. 그래프만 들이미는 것은 상대방에게 '그래프를 보고 알아서 해석하세요'라고 말하는 것이나 마찬가지다. 그래프에서 어느 부분에 주목해야 하는지, 전달하고자 하는 결론이 무엇인지를 상대방에게 알리는 것이 중요하다.

예를 들어 꺾은선 그래프에서 선의 방향이 변화하는 지점에 표식을 넣고 '2023년 V자 회복'이라는 메시지를 집어넣거나, 오른쪽으로 올라가는 막대그래프에 '최근 10년 동안 매출 5배 상승!'이라는 메시지를 덧붙이는 식이다.

'그래프를 보면 알 수 있는 정보 아닌가?'라고 생각할 수도 있다. 하지만 표식을 넣거나 메시지를 추가하면 보는 사람이 부담을 덜 느끼고 설명을 빠르게 이해하는 데 도움이 된다.

Key Point

그래프를 그릴 때는 전달하고 싶은 내용을 짧게 덧붙인다.

설명 치트키 038

모두가 아닌 한 사람을 위해 설명한다

#타깃은 뾰족하게

열심히 작성한 제안서를 보고 고객이 "서비스를 꼭 받아 보고 싶네요"라는 연락을 주거나, 회사에서 "이번에 낸 아이디어가 아주 훌륭하군요. 한번 추진해 봅시다"라는 이야기를 건넨다면 누구나 기쁠 것이다.

이런 말을 듣고 싶다면 자신이 설명하려는 대상이 누구인지 제대로 아는 것이 중요하다. 여기서 '누구'란 '얼굴을 마주하는 구체적인 한 사람'을 말한다.

예를 들어 중소기업 경영을 지원하는 컨설턴트가 다음과 같은 내용의 제안서를 썼다고 가정해 보자.

직원의 잦은 퇴사로 채용 피로감, 교육 피로감을 느끼는 경영자님, 신입 사원이 활기차게 일하는 일터를 만들 수 있도록 도와드립니다.

비슷한 고민을 하는 경영자가 많으므로 여러 사람의 마음을 움직일 수 있을 거라 생각하기 쉽다. 하지만 이런 말로는 아무도 설득하지 못한다. 제안서를 본 경영자는 '뭐, 우리 회사도 그렇긴 하지'라고 심드렁한 반응을 보일 뿐, 진지하게 받아들이지는 않는다.

한 명이라도 더 많은 고객을 잡으려다가 '채용 피로감', '활기차게'와 같은 추상적인 표현을 써버렸기 때문이다. 설득할 대상을 '모두'가 아닌 '얼굴을 마주하는 구체적인 한 사람'으로 좁혀 보자. 그러면 '그 사람은 어떤 고민을 할까?', '조직 문화를 어떻게 만들고 싶어 할까?'라고 질문하며 좀 더 세세한 전략을 짤 수 있다. 이를 고려해 제안서의 시작을 다음과 같이 바꿔 보자.

직원의 잦은 퇴사로 이력서 확인과 면접에 시간을 빼앗기는 경영자님, 신입 사원이 적극적으로 업무를 제안하는 일터를 만들 수 있도록 도와드립니다.

머릿속에 생생한 이미지가 떠오르면 사람들은 더 쉽게 자기 일로 받아들인다. '이렇게 범위를 좁히면 다른 잠재 고객을 끌어모으는 게 어렵지 않을까?' 하고 불안할 수도 있다. 하지만 모두를 설득하고 싶은 마음이 앞서면 에너지가 분산되어 결국 아무도 설득하지 못한다. 설득력을 높이고 싶다면 설득하려는 대상을 과감하게 한 명으로 좁히자.

Key Point

'단 한 사람'을 설득하겠다는 마음으로 설명한다.

설명 치트키 039

사람에 따라 공략할 언어를 고른다

#1:1 맞춤형 공감

관심사나 고민은 사람마다 다르다. 그러므로 상대방이 누구냐에 따라 공략할 표현을 바꿀 필요가 있다.

직원이 자꾸 그만둬서 골머리를 앓는 회사가 있다고 생각해보자. 경영자나 채용 담당자에게 '채용에 드는 비용이 너무 많다', '채용 관련 업무에 치여서 정작 해야 할 일에는 손도 못 댄다', '처우 면에서는 대기업을 당해 낼 수 없다'와 같은 말을 하면 박수를 치며 공감할 것이다.

하지만 실제로 같이 일하는 중간 관리자의 고민은 또 다르다. 채용에 드는 비용이나 면접에 시간을 빼앗기는 문제보다는

'신입이 자꾸 그만둬서 리더십에 대한 자신감이 떨어진다'라든가 '어떻게 하면 팀원들과 좋은 관계를 이어 갈 수 있을까?'에 대한 말이 마음에 더 와닿을 것이다.

이처럼 설명하는 대상에 맞춰 표현을 달리하면 "맞아요. 내 말이 바로 그거예요!"라는 반응이 돌아오게 되어 있다. 평소 어떤 고민이나 불만을 가지고 있는지, 어떻게 하고 싶어 하는지를 알고 싶다면 상대방을 유심히 관찰하고 무심코 한 말들을 기억해 두자. 그 사람의 입장에서 생각해 보고 느낀 점을 적어 두는 것도 도움이 된다.

이렇게 '재료'를 모은 뒤에는 자신이라면 상대방이 안고 있는 고민이나 불만을 어떻게 해결할지, 해결한다면 어떤 감정을 느끼게 될지를 자세히 이야기해 보자. 그러면 상대방은 자신의 마음을 알아준 당신에게 일을 맡기고 싶다며 제안을 덥석 받아들일 것이다.

Key Point

상대방을 유심히 관찰하며 공략할 포인트를 찾는다.

설명 치트키 040

보이지 않는 결정권자의 존재를 고려한다

#더 멀리 보는 연습

비즈니스 현장에서는 설득해야 하는 대상이 눈앞에 없을 때도 있다. 바로 협상 자리에 나온 담당자가 결정 권한을 갖고 있지 않은 경우이다. 눈앞에 앉아 있는 상대를 설득해도 그 뒤에 있는 결정권자를 설득하지 못하면 거래는 결국 성사되지 않는다.

그렇다고 '결정권자를 설득하는 일은 상대측 담당자가 할 일'이라고 선을 그어선 안 된다. 반대로 담당자를 '나 대신 결정권자에게 설명하는 동료'로 보고 어떻게 하면 좋을지 방법을 고민해야 한다.

남을 가르치는 데 능숙한 사람들은 하나같이 '바람직한 상태'가 어떠한지를 유심히 관찰한다. 그리고 그들은 이 상태와 가장 비슷한 모습을 찾아서 수업 시간마다 예시로 활용한다. 찰떡같이 알아듣는 비유를 찾는 능력은 매 순간 '무엇과 비슷할까?'라는 의문을 품고 우리 주변을 관찰하는 과정에서 길러진다.

Key Point

일상에서 비슷한 것을 찾아내는 습관을 들인다.

먼저 담당자를 통해 결정권자가 판단을 내릴 때 주로 어떤 질문을 하는지, 무슨 형식을 선호하는지 등을 미리 알아 두자. 그리고 그 정보를 바탕으로 자료를 준비한 다음, 협상 자리에 나온 담당자에게 "이 내용을 결정권자에게 전해 주세요"라고 부탁하자.

과거에 나는 생산 부서에 비용을 줄일 수 있는 대책을 제안하는 일을 했다. 어느 날 생산 부서 담당자에게 A 대책을 시행하면 연간 비용을 얼마나 절감할 수 있는지, 구체적으로 어떻게 하면 되는지 등을 설명했더니 긍정적인 반응이 돌아왔다. 그런데 담당자에게 보고를 받은 상사로부터 '다른 공장에서 비슷한 일을 진행한 적이 있는지', '비용 절감이 가능하다는 건 알겠는데 위험하지 않은지'와 같은 질문이 날아왔다. 나는 작성한 답변을 다시 담당자에게 보내며 상사에게 잘 전해 달라고 덧붙였다.

이렇게 몇 번씩 질문과 답변이 오가면 서로 번거로울 뿐 아니라 속도도 나지 않는다. 결정권자에게 '충분히 고민하지 않고 일을 진행한다'라는 부정적인 인상을 심어 줄 수도 있다. 따라서 결정권자가 궁금해할 만한 내용을 예상해 보거나 이전에 받았던 질문을 토대로 답변을 미리 만들어 놓자. 시간이 지날수록 제안이 한 번에 통과되는 경우가 점점 많아질 것이다.

결정권자는 매사를 넓은 관점에서 바라보기 때문에, 담당자도 어떤 질문을 던질지 예상하지 못할 수 있다. 그럴 때는 "이 제안을 승인하는 위치에 있는 사람은 어떤 점을 궁금해할까요?"라고 자신의 상사에게 물어보는 것도 방법이다.

담당자뿐 아니라 결정권자를 위한 자료를 준비한다.

설명 치트키 041

고객에게 어떤 변화가 일어날지 말해 준다

#'나'라는 제품을 판다는 것

스마트폰을 바꾸려고 판매점에 갔다. 어떤 제품이 좋을지 고민하는 모습을 본 점원이 다가와 설명을 시작한다. 만약 다음과 같은 설명을 듣는다면 어떤 생각이 들까?

"요즘 이 기종이 인기입니다. CPU로는 ○○을 탑재해 처리 속도가 기존보다 20퍼센트 빨라졌습니다. RAM은 12기가바이트이고 카메라는 망원과 초광각 기능을 지원합니다."

평소 전자 기기에 관심이 있다면 이렇게 설명해도 알아들을 것이다. 하지만 그게 아니라면 '그래서 뭐가 어떻다는 거지?'라는 생각이 들기 마련이다.

우리는 무언가를 구매할 때 그것이 어떤 성능을 지녔는지보다는 삶에 어떤 변화를 가져다줄지를 기대한다. 따라서 판매자라면 고객에게 '어떤 변화가 일어날지'를 설명해야 한다. 앞서 든 예시를 다음과 같이 바꿔 말해 보자.

"CPU로 ○○을 탑재해 처리 속도가 기존보다 20퍼센트 빨라졌을 뿐 아니라 RAM도 12기가바이트여서 최신 3D 게임을 스트레스 없이 즐길 수 있습니다. 카메라 기능도 전문가용 수준이라 언제 어디서나 선명한 사진을 찍을 수 있습니다."

이는 자기소개를 할 때도 마찬가지다. '나는 이런저런 일을 할 수 있다'라는 식으로 가능성을 나열하는 데 그치지 말고, 그 일을 함으로써 '누구에게 어떻게 도움이 될 수 있는지'를 설명하자. 그러면 상대방은 기꺼이 '나'라는 제품을 구매할 것이다.

Key Point

제품이 가져다줄 '기분 좋은 변화'를 설명한다.

설명 치트키 042

홈쇼핑을 보듯 갖고 싶은 욕구를 끌어올린다

#욕망을 자극하는 마케팅

티브이 채널을 돌리다가 무심코 홈쇼핑에서 소개 중인 제품을 구매한 적은 없는가? 홈쇼핑에는 물건을 팔기 위한 절대 공식이 있다. 처음에는 "이런 일로 고민하지 않으십니까?"라고 운을 띄우며 시청자의 고민거리를 끄집어낸다. '요즘 뱃살이 늘어 걱정이다', '욕실에 찌든 곰팡이 얼룩이 잘 지워지지 않는다', '이불 때문에 수납장이 꽉 찼다'라는 식이다. 그러면 같은 문제를 겪는 사람은 '맞아, 맞아', '완전 내 얘기잖아'라며 공감한다.

그다음으로는 이 제품을 구매하면 맞게 될 '장밋빛 미래'를 제시한다. 뱃살이 고민이던 사람은 날씬해지고, 새까만 곰팡이 얼룩이 사라져 욕실에서는 빛이 나고, 이불이 납작하게 압축되어 수납장에 여유가 생긴다고 말이다. 현재의 상황이 어떻게 달라질지를 보여 주면 시청자는 그 미래를 꿈꾸며 소원을 이뤄 줄 요정의 마법을 바라게 된다.

계속해서 쇼호스트의 시연, 과학적인 설명, 전문가나 유명인의 추천, 구매자의 후기가 이어진다. 이렇듯 믿을 만한 근거나 제3자의 증언이 더해지면 제품에 대한 신뢰도가 확 올라간다.

마지막으로 시청자가 '지금 당장 사야 해!'라고 마음먹도록 판매 기간이나 수량을 제한하고, 특별 할인가나 사은품을 제공하는 방식으로 구매를 부추긴다.

앞서 이야기한 것처럼 홈쇼핑에서도 제품의 성능보다는 시청자에게 어떤 변화가 일어날지를 설명하는 데 많은 시간을 쏟는다. 구매할 생각이 없었는데도 갖고 싶은 마음이 드는 이유는 시청자의 고민과 이상향을 정면으로 건드리기 때문이다.

홈쇼핑의 절대 공식을 참고해 상대방의 욕구를 끌어올려 보자.

Key Point

상대방의 고민과 바라는 미래를 생생하게 보여 준다.

설명 치트키 043

최종 선택은 상대방에게 맡긴다

#문제 해결 과정에 함께하기

고객에게 "A 제품과 B 제품은 뭐가 다른가요?"라는 질문을 받는다면 어떻게 답하겠는가? 예전의 나는 이렇게 설명했다.

"A의 특징은 ○○이고, B의 특징은 ㅁㅁ입니다."

얼핏 보면 질문에 제대로 답한 것 같지만 사실은 그렇지 않다. 상대방이 정말 알고 싶은 것은 '자신이 지금 안고 있는 문제를 해결하는 데 도움이 더 되는 방법'이기 때문이다. 그런데 이 상황에서 A와 B의 차이점만 딱 알려 줬다고 생각해 보라. '그래서 뭐가 더 낫다는 거지?' 하는 생각이 들 것이다.

이럴 때는 "A와 B에 관심이 있으시군요. 어떤 문제를 해결하고 싶으십니까?"라고 상대방의 목적을 묻자. 만약 영어 공부로 고민하는 고객이라면, "식당에 오는 외국인 관광객에게 메뉴를 설명하기 어려워서 고민입니다"와 같이 말해 줄 것이다.

이제 A와 B를 사용한 후의 효과를 차례대로 소개하자. "A를 고르면 영어를 공부하는 습관을 들일 수 있고, B를 고르면 영어로 말할 용기가 생깁니다"라고 설명하는 것이다. 그다음에는 고객의 의견을 묻는다.

이때 고객이 "B가 좋을 것 같아요"라고 답한다면 왜 그렇게 생각했는지 되묻자. 그런 다음 "저도 B가 더 잘 맞는다고 생각합니다"라고 의견을 밝히면 설득력이 높아진다.

만약 B가 더 적합하다고 생각하는데 고객이 A를 고른다면 어떻게 대처해야 할까? 마찬가지로 고객에게 선택의 이유를 묻고, 자신과 어떤 점을 다르게 해석했는지 파악하자. 그 차이를 좁혀 가다 보면 모두가 만족할 만한 답을 얻을 수 있다.

Key Point

'문제를 해결한 뒤의 미래'가 어떨지 보이면 선택이 쉬워진다.

설명 치트키 044

실수와 실패는 기회가 될 수 있다

#말뿐이 아닌 행동하는 사과

실수를 저질렀거나 클레임에 대응해야 하는 상황에서는 무엇보다 "죄송합니다"라는 사과가 먼저다. 그렇다고 그저 죄송하다는 말로 끝내서는 안 된다. '당장 난처한 상황을 벗어나기 위한 변명'으로 들릴 수 있기 때문이다.

기계 문제로 생산이 종종 중단되어 해당 부서에 사과하러 다니던 시절, 나는 이 사실을 깨달았다. 사과는 "그래서 어떻게 할 거야!"라고 화내는 상대방에 대한 임기응변에 지나지 않는다는 사실을 말이다. 상대방이 정말로 듣고 싶었던 말은 '무슨 일이 일어났는지', '무엇이 원인인지', '다음에 또 같은 문제가 일어날 가능성이 있는지'에 대한 성의 있는 답변이었다.

그래서 나는 "지금까지 파악한 사실을 말씀드려도 될까요?"라고 상대방에게 양해를 구한 뒤 사실 관계, 예상 원인, 긴급 조치에 관해 이야기했다. 그 뒤 원인이 확실해진 시점에 다시 한 번 재발을 막기 위한 대책을 설명했다. 이처럼 끝까지 책임지고 대처했더니 상대방도 안심하고 일을 맡겨 주었다.

핵심은 제대로 된 사실의 전달이다. "제가 확인이 부족했던 것 같습니다"라는 말은 마치 남 얘기하는 듯한 느낌과 '확인을 하긴 했다'라고 변명하는 듯한 인상을 줄 수 있다. '원래는 A를 확인하고 B로 넘어가야 하는데 절차를 지키지 않았다'와 같이 문제의 원인과 해결 과정에 관한 사실을 구체적으로 전달해야 상대방도 상황을 파악하고 마음을 놓는다.

사과해야만 하는 상황은 분명 위기다. 하지만 그럴 때 상대방이 원하는 설명을 들려주면 오히려 신뢰가 쌓이는 기회로 바꿀 수 있다.

Key Point

상대방이 정말로 원하는 것은 사실을 정확히 전달하는 것이다.

설명 치트키 045

판단의 재료가 될 정보를 많이 모아 놓는다

#비밀 무기는 데이터베이스

상사의 눈에 '우수한 부하 직원'이란 어떤 모습일까? 알아서 성과를 척척 내는 직원, 기발한 제안을 하는 직원, 시키는 일마다 깔끔하게 처리하는 직원 등 그 모습은 다양할 것이다.

내가 우수하다고 느낀 부하 직원들에게는 공통점이 하나 있다. 그들은 평소 판단의 재료가 될 정보를 많이 수집해 놓았다. 그러다가 문제가 생겨 결정을 바로 내려야 하는 상황이 오면 필요한 자료만 모아 준 덕분에 위기를 넘길 수 있었다.

이러한 일 처리 방식은 새로운 기획을 밀어붙일 때, 투자를 결정해야 할 때를 비롯해 다양한 상황에서 큰 힘을 발휘한다.

"A사의 견적은 300만 원이고 B사의 견적은 330만 원입니다. A사가 더 저렴하니 A사에 발주하면 될까요?"

상사에게 이런 식으로 판단을 구하는 직원이 적지 않은데, 견적 금액이라는 정보만 딸랑 듣고는 결정을 내리기 어렵다. 납기 일자, 대금 결제 조건, 사후 관리 등에 차이가 없는지도 알아야 한다. 즉, 판단에 필요한 정보는 하나가 아니다. 최적의 판단을 내리려면 관련 정보를 모아서 분석하는 것이 중요하다.

"A사와 B사에서 제시한 견적 금액, 납기 일자, 대금 결제 조건, 사후 관리 등을 표로 정리했습니다. 종합적으로 평가하면 B사의 조건이 더 나아 보이는데, 어떻게 생각하십니까?"

상사라고 해서 뭐든 다 아는 것은 아니다. 상사가 더 나은 판단을 내릴 수 있도록 좋은 자료를 제공하자.

Key Point

상사에게 판단을 구할 때는 필요한 자료를 정리해 함께 전한다.

설명 치트키 046

오감을 활용해 정보를 얻는다

#감각을 통한 정보의 확장

일하다 보면 상황을 설명해야 하는 경우가 종종 생긴다. 이때 어떤 정보를 갖고 있느냐에 따라 설명의 질이 달라진다. 그리고 좋은 정보를 모으려면 오감을 최대한 활용해야 한다.

예를 들어 신제품 판매 상황을 알아볼 목적으로 방문한 매장에 대해 보고한다고 가정해 보자. 이런 경우 대다수가 고객의 표정이나 매장의 외관이 어땠는지와 같이 '눈으로 본 것'을 중심으로 보고한다.

그런데 다른 감각으로 얻을 수 있는 정보도 존재한다. 청각을 활용하면 고객이 신제품을 보고 어떤 이야기를 하는지 알 수 있다. 고객과 점원이 주고받는 대화에 귀 기울이거나 의견을 직접 물어보는 것이다. 경쟁업체의 제품을 직접 만져 보고, 먹을 수 있는 것이면 실제로 맛을 보는 방법도 있다. 촉각, 미각 등 오감을 활용하면 얻을 수 있는 정보량은 그만큼 많아진다.

예를 들어 기계를 점검할 때 시각에만 의존하면 고장이 나기 전의 증상을 놓치기 쉽다. 오감을 최대한 발휘해 평소와 다른 소리가 나지는 않는지, 표면이 너무 뜨겁지는 않은지, 타는 냄새가 나지는 않는지 등을 꼼꼼히 살펴야 한다. 이렇게 하면 기계의 이상을 빨리 발견할 수 있을 뿐 아니라, '평소와 비교해 무엇이 어떻게 다른지'를 상세하게 보고할 수 있다.

왼손잡이가 있고 오른손잡이가 있듯이 사람마다 자주 쓰는 감각이 다르다. 우리는 평소 무의식적으로 자신이 더 선호하는 감각을 통해 정보를 얻는다. 그래서 오감을 의식적으로 활용하면 보이지 않던 것, 들리지 않던 것, 느끼지 못하던 것을 알아차릴 수 있다. 오감을 발휘해 얻은 정보는 선명하고 생생하다. 따라서 더욱 쉬운 설명이 가능해진다.

Key Point

상황을 설명할 때는 오감을 활용해 내용의 해상도를 높인다.

설명 치트키 047

틀린 답을 말하면 더 쉽게 이해한다

#애매한 정답보단 확실한 오답

한 여성이 '다양성에 대한 고찰'이라는 주제로 열린 세미나에서 이런 이야기를 들려준 적이 있다.

"남아프리카공화국 출신인 A는 경영대학원을 졸업했고, 이후 관료가 되었으며, 지금은 은퇴하고 벽난로와 수영장이 있는 단독주택에 살고 있습니다. 과연 A는 어떤 사람일까요?"

이 물음에 나는 '멋진 할아버지겠구나'라고 생각했다. 남아프리카공화국, 대학원 졸업, 관료, 단독주택이라는 단어를 듣고 당연하다는 듯이 '남성'을 떠올린 것이다. 그런데 발표자가 설명한 A는 남성이 아니라 여성이었다. 만약 이날의 경험이 없었다면 '누구에게나 편견은 있다'라는 말을 들어도 나는 아니라고 여겼을 것이다.

학교 시험에서도 정답을 금방 맞힌 문제보다는 머리를 싸매고 고민했는데 결국 틀린 문제가 기억에 더 오래 남는다. 사람들 앞에서 말할 때도 마찬가지다. 꼭 기억했으면 하는 내용이 있거나 새로운 관점에서 깨달음을 주고 싶을 때는 정답을 바로 알려 주지 말고 생각할 시간을 주자. 그 뒤에 일부러 틀린 답을 말하도록 유도하면 발표자의 의도를 더 깊게 받아들인다.

이때 중요한 것은 누구나 틀릴 법한 질문을 던지는 것이다. 문제가 너무 어려우면 상대는 처음부터 풀기를 포기한다. 반대로 문제가 너무 쉬우면 흥미를 잃기 쉽다. 누구나 당연하게 여기는 편견을 깨닫도록 질문하는 것이 포인트다. 물론 그전에 틀려도 괜찮다는 말로 분위기를 가볍게 풀어 주는 것은 기본이다.

Key Point

상대방이 스스로 생각의 한계를 벗어나도록 일부러 틀린 답을 유도한다.

설명 치트키 048

작은 YES를 쌓아 커다란 YES를 끌어낸다

#신뢰로 가는 지름길

만약 고객의 질문에 대응해야 한다면 어떤 식으로 대화했을 때 상대방에게 더 좋은 인상을 줄 수 있을까? 다음의 두 가지 대화를 살펴보자.

[사례 1]

직원: 새로 나온 A사의 스마트폰이 궁금하다고 하셨죠?

고객: 맞아요.

직원: 특히 카메라 성능이 궁금하신 것이죠?

고객: 네, 맞아요!

[사례 2]

직원: 새로 나온 A사의 스마트폰이 궁금하다고 하셨죠?

고객: 아니요, 저는 B사의 스마트폰이 궁금해요.

직원: 아, B사였군요. 카메라 성능이 궁금하신 것이죠?

고객: 아니요, 카메라는 별로 중요하지 않아요.

아마도 [사례 1]과 같이 'YES'를 쌓아 가는 대화의 흐름이 이야기가 잘 통한다는 느낌을 줄 것이다. 이런 식으로 대화하기 위해서는 무엇을 고민하는지, 무엇에 관심이 있는지 등 상대방의 입장에서 생각하려는 관점이 필요하다.

작은 'YES'를 거듭해 신뢰를 쌓았다면 상대방의 동의를 구하면서 대화를 진행하자. 예를 들면 "A사의 스마트폰에 대해 조금 더 자세히 설명해도 괜찮을까요?"와 같이 묻는 편이 좋다. 만약 동의를 구하지 않고 "A사의 스마트폰에 대해 조금 더 자세히 알려드리겠습니다" 하고는 설명을 쭉 이어 가면 상대를 밀어붙이는 듯한 인상을 줄 수 있다.

Key Point

상대방에게서 차근차근 동의를 구하며 이야기를 풀어 간다.

설명 치트키 049

상대방이 선호하는 감각에 주파수를 맞춘다

#인간의 세 가지 감각 유형

미국에서 개발한 NLP(Neuro-Linguistic Programming)라는 실천적 심리학에 따르면, 사람마다 주로 쓰는 손과 발이 다르듯이 시각이나 청각처럼 선호하는 감각도 제각각이다. NLP에서는 이를 바탕으로 인간을 시각형(Visual), 청각형(Auditory), 운동감각형(Kinesthetic)으로 나누고 각각의 특징을 제시한다.

무언가 새로운 것을 배울 때 어떤 방법이 자신에게 가장 잘 맞는다고 생각하는가? 그림이나 영상을 주로 이용한다면 시각형, 강의를 듣는다면 청각형, 몸을 직접 움직이면서 배운다면 운동감각형이라고 할 수 있다. 이처럼 상대방이 주로 사용하는 감각에 맞춰서 설명 방식을 바꾸면 이해가 훨씬 빨라진다.

신제품 발표회를 예로 살펴보자. 시각형인 사람에게는 디자인이나 색상처럼 눈에 보이는 측면의 매력을 강조하면 흥미를 끌 수 있다. 특히 그래프 같은 시각 자료를 활용하는 것이 효과적이다. 청각형인 사람에게는 제품의 특징이나 우수성을 조리 있게 설명하자. 소리가 나는 제품이라면 실제로 소리를 들려주는 방법도 있다. 운동감각형인 사람에게는 재질이나 마감 상태를 직접 느낄 수 있도록 제품을 만져 보게 하자.

상대방이 어떤 감각을 주로 사용하는지는 평소 말할 때도 드러난다. '모르겠다'라는 말을 예로 들면, 시각형은 '한눈에 들어오지 않는다', 청각형은 '귀에 잘 들어오지 않는다', 운동감각형은 '마음이 끌리지 않는다'와 같이 표현하는 경향이 있다.

물론 상대방이 어떤 감각을 주로 사용하는지 매번 파악하기 어렵다. 일대일이 아닌 다수를 상대로 설명해야 할 때도 있다. 그럴 때는 각 유형에 효과적인 방법을 섞어 설명하자.

Key Point

상대방이 주로 쓰는 감각을 관찰한 뒤에 설명 방법을 고른다.

4장

호소력

사람의 마음을 움직이고 싶을 때

'행동을 실제로 끌어내는 방법은 무엇일까?'

설명 치트키 050

시작은 전체에서 부분으로

#밑그림부터 그리는 이유

설명할 때는 '무엇'을 '어떻게' 설명할지, 즉 내용이나 방식에만 신경 쓰기 쉽다. 하지만 더 중요한 것이 있다. 바로 설명하는 순서다. 설명할 때는 '지금부터 이런 이야기를 하겠다'라고 큰 그림을 먼저 제시해야 한다.

예를 들어 외출하려고 하는데 가족이 갑자기 이런 식으로 심부름을 부탁한다고 해보자.

"소고기 200그램만 사다 줄래? 양파, 당근, 감자도 한 봉지씩 필요해."

준비가 되어 있지 않은데 갑자기 공이 여러 개 날아올 때처럼 당황스럽지 않은가? 반대로 다음 말부터 들으면 어떨까.

"오늘 저녁으로 소고기 감자조림을 하려고 하는데 필요한 재료 좀 사다 줄래?"

듣는 사람의 머릿속에 '소고기 감자조림을 만드는 데 필요한 재료'라는 그릇이 생겨나고, 이어지는 재료들에 관한 정보를 담아낼 준비를 할 수 있다. 상대방이 무슨 이야기를 하려고 하는지를 미리 알면 설명을 들을 때 집중하는 포인트도 달라진다.

예를 들어 '소고기 감자조림을 만든다면 버섯은 안 사도 되겠지?'라는 식으로 생각이 한 발짝 더 나아간다. 만약 카레라이스를 만들 거라는 얘기를 듣는다면 '카레 가루는 안 사도 되나?' 하는 의문이 떠오를 것이다.

설명할 때는 처음부터 세세한 내용을 던지지 말고, 앞으로 전달하려는 이야기의 최종 목적을 먼저 밝히자.

Key Point

설명을 시작할 때는 큰 그림부터 전달한다.

설명 치트키 051

마무리할 때는 부분에서 전체로

#기억을 강화하는 반복의 힘

설명을 시작할 때 큰 그림부터 전달하는 이유는 상대방의 머릿속에 '정보를 담는 그릇'을 만들어 주기 위해서다. 여기에 더해 설명을 끝내기 전에 한 번 더 전체를 요약해서 전달하면 듣는 사람의 이해가 한층 깊어진다. 상대방이 그 그릇에 '무엇을 담았는지'를 확인할 수 있기 때문이다.

어느 양과자점의 셰프인 A를 소개한다고 가정해 보자.

A는 현지에서 생산된 재료만을 고집하는 방식으로 지역 발전에 기여하고 있다(큰 그림). 예를 들어 A는 지역 특산품인 된

장으로 양과자를 만든다. 기름 역시 지역에 있는 생산업체에 서 구매한다(구체적 사례).

이렇게만 설명해도 A가 어떤 셰프인지 와닿지만, 마지막에 한 번 더 큰 그림을 언급해 보자.

A는 현지에서 생산된 재료만을 고집하는 방식으로 지역 발전에 기여하고 있다(큰 그림). 예를 들어 A는 지역 특산품인 된장으로 양과자를 만든다. 기름 역시 지역에 있는 생산업체에서 구매한다(구체적 사례). 이와 같이 A는 현지 재료만을 고집하는 방식으로 지역 발전에 기여하고 있다(큰 그림).

구체적 예시를 나열한 뒤에 다시 한번 큰 그림을 정리해 주면 이야기의 인상이 더 강해진다. 즉 어떤 이야기였는지 듣는 이의 기억 속에 더 오래 머무른다.

Key Point

설명을 마무리하기 전에 다시 한번 큰 그림을 전달한다.

설명 치트키 052

메시지를 한 편의 이야기처럼 만든다

#매력적인 이야기의 구조

설명의 최종 목적은 '상대방을 행동하게 만드는 것'이다. 그러기 위해서는 '그렇구나!', '정말 좋다!', '안 하면 손해겠는데?'라고 생각하도록 만들어야 한다. 상대방의 마음을 움직이고 싶다면 이야기를 만들자. 특히 중요한 메시지를 전달할 때 실제 사례를 한 편의 이야기처럼 들려주면 효과가 좋다.

이전 직장에서 있었던 일을 예로 들어 보겠다. 당시 설비에 이상이 생기면 울리는 경보음을 센서 오작동이라 여기고, 현장을 확인하지 않은 채 방치해 발견이 늦어진 사건이 있었다.

보통 이런 사고가 발생하면 상황을 정리한 뒤에 원인을 찾아 대책을 세우고, 같은 실수를 반복하지 않도록 직원들을 대상으로 교육을 진행한다. 그러나 새로 만든 매뉴얼을 공지한다고 해서 직원들이 처음부터 잘 따르는 것은 아니다. 오히려 귀찮은 규칙이 또 하나 늘었다고 생각하기 쉽다.

그래서 문제 상황을 이야기로 만들어 전달하기 시작했다. 54쪽의 사례를 예로 들면 다음과 같다.

"점심시간, 혼자 일하던 A는 설비 이상을 알리는 경보음을 들었습니다. 확인해 보니 이전부터 경보음이 자주 울리던 곳이었습니다. 매번 센서 오작동이 원인이었고 설비 자체에는 문제가 없다고 들었기 때문에 A는 이번에도 오작동일 것이라 믿고 현장을 직접 살피러 가지 않았습니다……."

이렇게 이야기로 전달하면 듣는 사람은 그 속에 자신을 이입한다. 그때 어떻게 대처하면 좋았을지 스스로 생각하게 된다면, 사고의 재발을 막는 효과도 높아진다.

Key Point

이야기로 만들어 전달하면 듣는 이의 마음이 금방 움직인다.

설명 치트키 053

드라마를 보듯 에피소드를 들려준다

#에피소드의 변신은 무죄

사람들은 신제품 발표회에서 제품의 성능에 대한 설명을 늘어놓을 때보다 개발자들의 뒷이야기를 들려줄 때 더 흥미로워한다. 앞에서 '이야기로 만들어 전달하면 듣는 이의 마음을 움직일 수 있다'라고 했다. 발표할 때도 마찬가지이다. 구체적인 에피소드를 드라마의 한 장면처럼 꾸며서 전달하면 듣는 사람의 머릿속에 깊숙이 새겨진다.

또한 에피소드를 대화 형식으로 꾸미면 현장감이 살아난다. 생동감 넘치는 표정 연기와 손짓으로 눈앞에서 보는 듯한 느낌을 불러일으키는 이야기꾼처럼 상황을 묘사해 보자.

예를 들어 '신규 계약을 체결했는데 업무가 늘어났다고 투덜대는 사원의 불평에 충격을 먹은 사장'에 관한 에피소드로는 다음과 같은 대본을 만들 수 있다. 이때 팁은 몸을 좌우로 움직여 배역을 구분해 주는 것이다.

정면: 며칠 전에 거래처 사장이 이렇게 투덜거리더라고요.

오른쪽: 신규 계약을 체결해서 다들 기뻐할 줄 알았는데 말이야. 젊은 사원이 귀찮다는 듯이 말하더군.

왼쪽: 아니, 왜?

오른쪽: 더는 업무량을 늘리지 말아 달라며 불평하더라고. 어찌나 당황스럽던지.

'이런 일이 있었다'라고 사건의 내용만 전해 들을 때보다 훨씬 재밌다. 발표를 잘하고 싶다면 드라마를 보듯이 이야기를 푸는 연습을 해보자.

Key Point

에피소드를 대화로 꾸미면 더 흥미진진하게 다가온다.

설명 치트키 054

이야기할 분량을 미리 알려 준다

#예측 가능성 부여하기

우리는 캐치볼을 할 때 상대방의 상황을 살피고 나서 공을 던진다. 설명할 때도 마찬가지다. 이를 위해 '지금부터 이런 이야기를 하겠다'라는 식으로 큰 그림을 먼저 제시하라고 했다. 여기에 더해 상대방이 공을 확실히 받아 낼 수 있도록 미리 알려 주면 좋은 것이 하나 더 있다. 바로 '이야기의 분량'이다. 몇 가지 이야기를 할지 알고 있으면 상대방은 준비 자세를 갖출 수 있다.

예를 들어 다음을 보자.

"보관 시 주의할 점이 있는데, 우선 20도 이하에서 보관해 주세요. 그리고 물에 닿지 않게 조심하시고요. 용기의 뚜껑은 꼭 닫아 주세요. 그리고 또……."

듣다 보면 '언제까지 계속되는 거지?'라는 생각에 신경이 쓰여 집중력이 흐트러진다. 결국 '20도 이하에 보관하고 물에 닿지 않게 조심하라던 말은 기억나는데, 나머지는 뭐였더라?' 하고 되묻게 될 것이다.

"보관 시 주의할 점이 네 가지 있습니다. 첫째, 20도 이하에 보관해 주세요. 둘째, 물에 닿지 않게 조심하세요. 셋째, 용기의 뚜껑은 꼭 닫아 주세요. 넷째……."

이렇게 "주의할 점이 네 가지 있습니다"라고 미리 말해 두면, 듣는 사람도 받아들일 준비를 한다. 그리고 '지금은 네 가지 중 세 번째구나' 하는 식으로 내용을 정리하면서 듣는다.

Key Point

이야기의 분량을 미리 알려 주면 상대방도 들을 준비를 한다.

설명 치트키 055

이야기할 시간을 미리 알려 준다

#사소하지만 큰 배려

앞에서 설명을 들을 자세를 갖추게 하려면 '몇 가지 이야기를 할지' 먼저 제시하는 것이 중요하다고 했다. 이때 기억해야 할 것이 하나 더 있다. 설명에 앞서 '얼마나 오래 이야기할 예정인지'도 미리 알려 주자.

개학식 날 교장 선생님의 말씀이 언제 끝날지 몰라 지쳤던 기억이 있을 것이다. 이처럼 우리는 끝이 보이지 않으면 금방 지루함을 느낀다.

반면에 "지금부터 5분 동안 주요 안건을 말씀드리겠습니다"와 같이 설명에 시간이 얼마나 걸릴지를 미리 알면 인내심을 갖고 들을 수 있다. 신호등의 빨간불이 몇 초 뒤에 바뀌는지를 알려 주는 숫자가 보이면 기다리는 동안 짜증이 줄어드는 것과 비슷하다.

설명에 걸리는 시간은 '내용의 난이도'와도 밀접하게 연결되어 있다. 설명하는 데 시간이 '5분 정도' 걸린다고 말하면 상대방은 간단한 이야기를 예상할 것이고, '30분'이라고 말하면 복잡한 이야기를 예상할 것이다.

따라서 거래처 담당자나 상사에게 보고하거나 상담할 일이 있을 때는 시간이 얼마나 걸리는지를 먼저 일러 주는 편이 좋다. "잠깐 시간 괜찮으세요?"라고만 물으면 상대방은 하던 일을 잠시 멈추고 듣는 정도면 되는지, 아니면 따로 자리를 마련해야 하는지 판단할 수 없기 때문이다.

마지막으로 시간을 미리 언급했다면 그 안에 이야기를 반드시 끝내자. 약속한 시간을 훌쩍 넘기면 오히려 상대방에게 점수를 잃을 수 있다.

Key Point

상대방이 예상하며 들을 수 있게 얼마나 얘기할지 알려 준다.

설명 치트키 056

한 문장에는 한 메시지만 담는다

#짧을수록 커지는 임팩트

문장이 길면 무슨 말을 하려는 건지 모르겠다는 소리를 듣기 쉽다. 아래 예문을 보자.

> '양산을 쓰는 남성은 일본뿐?'이라는 제목의 기사는 일본을 방문한 9개국 남성을 인터뷰한 내용으로, 이에 따르면 인터뷰에 응한 대부분은 '양산을 평소에 잘 쓰지 않는다'라고 답했으며 '양산을 쓰는 것이 어색하다'라는 응답도 있었다.

글자 수는 100자가 조금 넘는다. 그러나 한 문장에 담긴 정보량이 많아 독자가 내용을 따라잡기가 쉽지 않다. 생각나는 대로 늘어놓은 탓에 무엇이 주어이고 서술어인지도 알기 어렵다.

글을 잘 쓰고 싶다면 '한 문장에 하나의 메시지'만 담자. 덧붙여 한 문장 안의 글자 수는 60자 이내일 때 가장 깔끔해 보인다. 이러한 점에 유의하여 앞서 살펴본 예문을 다시 써보자.

'양산을 쓰는 남성은 일본뿐?'이라는 제목의 기사는 일본을 방문한 9개국 남성을 인터뷰한 내용을 담고 있다. 기사에 따르면 인터뷰에 응한 대부분은 '양산을 평소에 잘 쓰지 않는다'라고 답했다. 그중에는 '양산을 쓰는 것이 조금 어색하다'라는 응답도 있었다.

첫 번째 예문과 비교하면 정보가 머리에 쏙쏙 잘 들어오지 않는가? 수정한 글은 110자가 조금 넘는다. 수정 전보다 전체 글자 수는 늘었지만, 내용은 오히려 간결해졌다. 한 문장은 되도록 짧게 쓰고, 그 안에 담을 메시지도 하나로 추리자.

Key Point

문장이 간결할수록 핵심이 더 잘 드러난다.

설명 치트키 057

사람은 한 번에 세 가지까지만 기억한다

#모두에게 통하는 3의 마법

'마법의 숫자'라는 말을 들어 본 적이 있는가? 미국의 심리학자인 조지 밀러(George A. Miller)가 1956년에 발표한 논문에 나오는 말이다. 밀러는 "사람이 단기적으로 기억할 수 있는 정보의 덩어리는 7±2개다"라고 주장했다.

이후 2001년에는 미국의 심리학자인 넬슨 카원(Nelson Cowan)이 "사람이 단기적으로 기억할 수 있는 정보의 덩어리는 4±1개다"라고 발표했다.

이 연구 결과들로 알 수 있는 것은 '사람은 한 번에 많은 양을 기억하지 못한다'라는 사실이다. 카원의 연구에 따르면, 사람이 한 번에 기억할 수 있는 양은 가장 적게 보았을 때 3개라는 결론이 나온다.

한 예로 연말이면 티브이에 자주 나오는 '올해의 10대 뉴스'를 봤다고 해서 열 가지를 전부 기억하는 사람은 드물다. 하지만 세 가지 정도라면 대부분 기억할 것이다.

'3'은 우리에게 익숙한 숫자다. 올림픽 메달은 '금·은·동'으로 3개이고, 빛이나 색은 '3원색'으로 나타낸다. 그 밖에 3대 문명, 3대 천왕과 같이 '3대'라는 표현도 자주 쓴다. 이처럼 '3'은 무언가를 정리하기에 알맞은 숫자다.

우리는 자기도 모르게 한꺼번에 이것저것 많은 이야기를 하려고 드는 경향이 있다. "10개만 기억하시면 됩니다"라면서 아무리 열심히 말해 봤자, 듣는 사람은 10개를 다 기억하지 못한다. '기억해야 할 것은 세 가지', '오늘 말씀드릴 내용은 세 가지'와 같이 전달하고 싶은 내용을 '세 가지'로 압축하면 상대방도 쉽게 기억한다.

Key Point

3이라는 마법의 숫자를 이용해 설명한다.

설명 치트키 058

사과는 몸을 움직여 마음을 전하는 일이다

#진심 어린 사과와 태도

사과해야 하는 상황이 오면 누구나 마음이 무겁다. 직접 만나면 불편하니까 메일로 대신하자는 마음이 들 수도 있다. 하지만 나에게 잘못이 있다면 더더욱 전화로 먼저 사과의 마음을 전하고 자세한 이야기는 직접 찾아가서 설명해야 한다. 글만으로는 진심을 다 표현하기 어렵기 때문이다.

그런데 단어를 잘못 고르면 오히려 불에 기름을 붓는 격이 될 수 있다. 예를 들어 정치인이나 기업 대표가 기자회견 자리에서 "대단히 유감스럽습니다"라고 말하는 경우가 있다. 하지만 '유감스럽다'라는 단어의 본래 의미는 '아쉽다'이므로 사과라고 보기 어렵다. “고객 여러분의 기분을 불쾌하게 만들어 죄송합니다”도 적절하지 않다. 잘못이 있다면 ‘우리 절차에 문제가 있었다’와 같이 문제의 원인을 언급하면서 사과하는 것이 바람직하다.

사소한 해석의 차이가 오해를 불러일으켜 문제가 되기도 한다. 이럴 때는 각자 하고 싶은 말을 글로 적어 보내기보다는, 얼굴을 마주하고 대화를 나누는 편이 서로의 의도를 그때그때 확인할 수 있어 낫다.

사과해야 하는 상황은 다른 관점에서 보면 앞으로 관계가 더 나아질 기회이기도 하다. 고객 불만이 접수되면 상대방의 기대치와 실제 상황과의 괴리가 어디서 생겼는지 파악할 수 있다. 그동안 미처 깨닫지 못했던 고객의 요구를 알게 되면 새로운 방향으로 제안을 해볼 수도 있다.

사과문을 쓰는 법은 넘쳐 나지만, 결국 중요한 것은 ‘상대방을 위해 무엇을 할 수 있을까?’라는 마음가짐이다. 질문의 답을 알고 싶다면 사과하려는 대상을 직접 만나 이야기를 들어 보자.

Key Point

상대방을 직접 만나 진심을 전하고, 할 수 있는 일을 찾아본다.

설명 치트키 059

기준에 따라 방식을 바꾼다

#외적 기준형과 내적 기준형

캐나다 NLP 협회를 세운 셸 로즈 샤르베(Shelle Rose Charve)의 책《마음을 바꾸는 설득의 말(Words That Change Minds)》에 따르면, 언어와 행동 양식은 서로 영향을 주고받는다. 따라서 상대방이 어떤 유형인지를 알고 그에 맞춰서 이야기하면 소통이 매우 원활해진다.

행동을 결정하는 사고 유형에는 '외적 기준형'과 '내적 기준형'이 있다. 외적 기준형은 타인의 의견이나 외부 기준에 비추어 판단한다. 반면에 내적 기준형은 자신의 생각이나 가치관에 따라 판단한다.

물건을 고르는 경우를 생각해 보자. 외적 기준형인 사람은 타인의 후기나 입소문을 참고한다. 한편, 내적 기준형인 사람은 자기 마음에 드는 제품을 직접 찾아다닌다.

비즈니스 현장에서도 상대방이 어떤 유형인지를 고려해 표현을 달리하면 설득이 쉬워진다. 예를 들어 외적 기준형인 사람에게 서비스를 제안할 때는 "어떻게 하시겠어요?"라고 묻기보다 "많은 고객이 A를 선호하십니다"와 같이 설명하는 편이 효과적이다.

반대로 내적 기준형인 사람에게는 "A를 추천합니다"라고 하면, '직접 결정하고 싶은데 선택을 강요한다'라고 받아들일 수도 있다. 그러므로 "어떻게 하시겠어요?"라든가 "A는 어떠십니까? 물론 고객님의 마음이 가장 중요합니다"와 같이 제안하는 형태로 이야기를 이끌어 가는 게 좋다.

상대방이 어떤 유형인지 알기 어렵다면 "많은 고객이 선호하는 A는 어떠십니까?"와 같이 어느 쪽이든 공략할 수 있는 표현을 고르자.

Key Point

타인의 평가를 덧붙여 제안한다.

설명 치트키 060

행동이 먼저인지 생각이 먼저인지 살핀다

#주체·행동형과 반영·분석형

어떤 일을 시작할 때 먼저 움직이는 편인가, 아니면 충분히 따져 본 뒤에 나서는 편인가? '한번 해보자', '지금 당장 시작하자'라며 거침없이 나아가는 사람은 '주체 · 행동형'이다. 한편 주변 상황을 살피거나 신중하게 검토한 뒤에 행동하는 사람은 '반영 · 분석형'이다.

주체 · 행동형 성향이 강한 사람에게는 "일단 해봅시다", "지금 바로 할 수 있습니다"와 같이 행동을 부추기는 말을 하면 효과적이다. 반면에 반영 · 분석형 성향을 띠는 사람에게는 자료를 주면서 "검토해 주시기 바랍니다"라고 말하거나, "이미 충분히 고려한 사항이라고 생각합니다"와 같이 생각을 행동으로 옮기도록 힘을 실어 주는 말을 하면 좋다.

인터넷에서 자동차 보험 상품을 안내하는 페이지를 열었을 때를 생각해 보자. 자세한 설명이 나오기도 전에 '지금 바로 무료 견적 받기', '1초 만에 자료 신청하기'와 같은 문구를 강조해 놓은 버튼이 위쪽에 배치된 것을 본 적이 있을 것이다. 설명을 제대로 읽지도 않고 견적이나 자료부터 요청하다니 너무 성급하다고 생각할 수 있다. 하지만 사실 이것은 주체·행동형의 심리를 겨냥한 장치다.

그런데 스크롤을 쭉 내리면 맨 아래쪽에도 견적을 의뢰하거나 자료를 요청하는 버튼이 있다. 이것은 설명을 꼼꼼히 읽고 신중히 생각한 뒤에 어떻게 할지 결정하는 반영·분석형의 심리를 겨냥한 장치다.

비즈니스 현장에는 주체·행동형과 반영·분석형의 특성을 두루 갖춘 사람이 많다. 그러므로 설명할 때는 두 유형 모두를 설득할 수 있는 표현을 쓰는 것을 추천한다.

예를 들어 가게의 매출 증가를 목표로 재방문 고객을 늘리는 방안을 찾는다고 해보자. 이 경우에는 "포인트 카드 도입, 다이렉트 메일 발송, 재방문 혜택 제공 중 무엇을 할 수 있는지 생각해 보고 기존 데이터가 있다면 분석합시다. 고객 데이터를 확인하는 작업처럼 지금 당장 할 수 있는 일은 바로 시작합시다"와 같이 제안하면 된다. 생각을 전달하는 데 그치지 말고, 생각을 행동으로 옮기는 방법까지 설명하면 상대방도 의욕을 보일 것이다.

생각을 전하는 동시에 실제 행동으로 이어지도록 설명한다.

설명 치트키 061

의식이 향하는 곳에 맞춰 미래를 보여 준다

#목표 지향형과 문제 회피형

많은 사람이 운동을 하지만, 그 이유는 저마다 다르다. 어떤 사람은 다음 마라톤 대회에서 세 시간 안에 완주하겠다는 목표를 이루기 위해 몸을 단련한다. 또 어떤 사람은 건강해지기 위해 헬스장을 찾는다.

자신의 욕구나 바람을 이루고 싶다는 목표 의식이 강한 사람은 '목표 지향형'이다. 반면에 병에 걸리지 않고 잘 살기 위해 운동하는 경우와 같이 앞으로 일어날 수 있는 문제를 피하려는 의식이 강한 사람은 '문제 회피형'이다.

이처럼 의식이 향하는 방향이 다른 두 유형의 마음을 움직이려면 그에 맞는 방식으로 접근해야 한다.

목표 지향형에게는 '○○ 할 수 있다', '○○을 얻을 수 있다'라고 말하거나 '그것을 하면 무엇이 이득인지'를 설명할 때 대화가 술술 풀린다.

문제 회피형에게는 '○○ 하지 않아도 된다', '○○가 해결된다'라고 말하거나 '그것을 하지 않으면 어떤 문제가 생기는지'를 이야기하면 귀를 기울이기 시작할 것이다.

예를 들어 납품 기한이 빠듯한 일을 의뢰받았다고 가정해 보자. 팀원들에게 어떤 식으로 말해야 모두가 힘을 내며 앞으로 나설까?

목표 지향형에게는 "어떻게든 납품 기한을 맞추자. 그러면 고객의 신임을 얻어 다음에 더 큰 일을 맡을 수 있을 거야"라는 식으로 장밋빛 미래를 보여 주면 된다.

한편, 문제 회피형에게는 "기한을 맞추지 못하면 고객의 신임을 잃게 될 거야"라는 식으로 잿빛 미래를 보여 주자. 그러면 '반드시 해내야 한다'라며 각오를 다질 것이다.

현실에서는 한 팀에 두 유형이 함께 있을 가능성이 크다. 그러니 다음과 같이 모두를 설득할 수 있는 방식으로 말하자.

"만약 납품 기한을 맞추지 못하면 고객의 신임을 잃게 될 거야. 그렇게 되지 않도록 어떻게든 기한을 맞춰서 다음에는 더 큰 일을 의뢰받을 수 있도록 힘내자."

잿빛 미래를 먼저 보여 준 뒤 장밋빛 미래를 그리며 기운을 북돋운다면 두 마리 토끼를 잡을 수 있을 것이다.

장밋빛 미래와 잿빛 미래를 같이 보여 준다.

설명 치트키 062

변하지 않는 것을 먼저 이야기한다

#변화를 대하는 네 가지 유형

우리를 둘러싼 상황은 늘 바뀐다. 이때 변화를 즐기는 사람이 있고 그렇지 않은 사람이 있다. 변화를 대하는 유형에는 네 가지가 있다.

먼저 '동일성 중시형'인 사람은 늘 같은 상태를 유지하기를 바란다. 사물의 공통점에 주목하는 것도 동일성 중시형의 특징이다. '발전 중시형'인 사람은 차근차근 단계를 밟아 이뤄지는 변화를 선호하고 과정을 중시한다. '차이 중시형'인 사람은 변화를 두려워하지 않고 사물의 차이점에 주목한다. 마지막으로 '발전·차이 중시형'인 사람은 두 유형의 특징을 모두 갖고 있다.

회사나 거래처를 상대로 새로운 시도를 제안하는 경우를 생각해 보자. 새로운 시도를 받아들이게 하려면 '변화를 위한 행동'에 나서도록 설득해야 한다. 이때 변화를 선호하지 않는 사람은 반발하기 쉬우므로 변하지 않는 것들을 강조한 뒤에 어떤 단계를 밟아 나갈 예정인지 설명한다.

예전에 회사에서 캠페인을 진행한 적이 있는데 직원들이 계획대로 움직여 주지 않았다. 문제없이 잘 돌아가는 상황에서 변화를 제안하자 거부감을 드러낸 것이다. 즉, 동일성 중시형의 성향이 강했다. 그래서 '절대 바뀌지 않는 것은 무엇인지'를 설명하자 변화를 차츰 받아들이기 시작했다.

비즈니스 현장에서는 때때로 거대한 변화가 따르는 사건이 발생한다. 이럴 때 '변화한 이후의 미래'만을 이야기하면 누구나 불안해한다. 그러니 달라지지 않거나 전과 비슷한 점을 먼저 이야기하자. 그런 뒤에 어떤 과정을 거칠지 시간을 들여 설명하면 변화에 대한 부담을 줄일 수 있다.

Key Point

바뀌지 않는 점을 먼저 설명하면 사람들은 변화를 쉽게 받아들인다.

설명 치트키 063

선택지와 함께 목표에 이르는 단계를 안내한다

#옵션형과 프로세스형

평소 업무를 진행할 때 다음 중 어디에 더 가까운가? '옵션형'인 사람은 다양한 선택지와 새로운 가능성이 보이면 의욕이 저절로 샘솟는다. '더 좋은 방법은 없을까?', '진행 방식은 나에게 전적으로 맡겨 주면 좋겠다'라고 생각하며 '이것과 저것을 전부 해도 좋다'라는 말에 가슴이 두근거린다. 새로운 절차나 시스템을 만드는 일에는 능숙하지만, 정해진 절차나 시스템에 따라 작업을 꾸준히 이어 가는 일에는 서투르다. 그 대신 평소와 다른 방식을 제안해도 흔쾌히 받아들인다.

한편 '프로세스형'인 사람은 정해진 절차에 따라 행동하고 일단 손을 대면 끝까지 마무리하고 싶어 한다. 반대로 평소와 다른 방식을 제안하거나 다음에 무엇을 해야 하는지 분명하지 않은 상황에서는 스트레스를 쉽게 받는다.

회사에는 회계나 생산 부서처럼 '정해진 절차'에 따라 일하는 프로세스형 부서도 있고, 개발이나 설계 부서처럼 '새로운 가능성'을 좇아 일하는 옵션형 부서도 있다.

옵션형 부서에는 "이 방식대로 해주세요"라고 하기보다는, 몇 가지 선택지를 준 다음 고르게 하거나, 원하는 결과만 전달하고 과정은 알아서 하도록 맡기는 편이 낫다. 프로세스형 부서에는 어떤 단계로 일을 진행해야 하는지를 알려 주고 그 절차를 따르면 문제없다는 확신을 주자.

다만 비즈니스 현장에서는 아무리 상대방이 옵션형이라고 해도 너무 많은 선택지를 제시하면 혼란에 빠진다. 이럴 때는 선택지를 세 가지 정도로 추리고 목표를 이루는 방법만 알려 주는 식으로 프로세스형에 맞춰 설명하는 편이 좋다.

Key Point

설명하는 자리에서는 주로 프로세스형에 맞춰 이야기한다.

설명 치트키 064

큰 그림 뒤에 구체적인 내용을 덧붙인다

#전체형과 상세형

정보를 파악하는 방법도 사람에 따라 다르다.

'전체형'은 사물의 대략적인 모습을 파악하는 데 능숙한 사람이다. 결론이나 요점을 먼저 제시하고 간략하게 설명하는 방식을 선호한다. 무언가에 대해 말할 때는 대강 추려서 말하다 보니 추상적인 표현을 즐겨 쓴다. 그래서 종종 상대방에게 의도가 정확하게 전달되지 않는다. 특히 전체형이 전체형에게 설명하는 경우에는 오해가 생기기 쉽다.

반면에 '상세형'은 세부 사항을 파악하는 데 능숙한 사람이다. 고유명사나 숫자 등을 사용해 순서대로 하나씩 자세하게 설명하는 방식을 선호한다. 다만 큰 그림을 그리는 일에는 서툴러서 세부형이 전체형에게 설명하면 결국 하고 싶은 말이 뭐냐는 반응이 돌아오기 쉽다.

일할 때는 숲과 나무를 모두 볼 줄 알아야 한다. 설명할 때도 전체적인 그림을 제시한 뒤에 '구체적으로는'이라는 말과 함께 세부 사항을 덧붙이면 상대방도 정보를 쉽게 받아들인다.

전체형 성향이 강하다면 설명할 때 빠뜨린 내용을 채우는 데 신경 쓰자. 반대로 상세형 성향이 강하다면 '하고 싶은 말을 한마디로 정리하면 무엇인지'에 대해 생각하는 습관을 들이자.

마지막으로 상세형은 업무를 지시할 때 하나부터 열까지 빠짐없이 설명하려는 경향이 있다. 상대를 믿고 일을 맡기고자 한다면 '이 정도론 부족하지 않을까?'라는 생각이 들 때 멈추는 편이 좋다.

Key Point

전체적인 그림과 구체적인 예시를 함께 제시한다.

설명 치트키 065

상대방의 결정 과정에 따라 전략을 세운다

#결정에 이르는 네 가지 유형

우리는 평소 어떤 식으로 결론에 이를까? 이는 크게 네 가지 유형으로 나눌 수 있다.

'횟수 중시형'은 여러 번 해본 뒤에 결정하고, '직감 중시형'은 말 그대로 직감에 따라 결정한다. '의심형'은 한 번에 정하지 않고 그때그때 판단해서 결정하며, '기간 중시형'은 일정한 시간을 두고 고민한 뒤에 결정한다.

홈쇼핑을 보면 이러한 네 가지 유형이 모두 혹할 만한 방식으로 상품을 판매한다. 예를 들면 횟수 중시형을 공략하기 위해 "무료 체험 3회권을 드립니다"라며 제품이나 서비스를 사용해 볼 수 있는 기회를 제공한다. 직감 중시형에게는 "마음에 들면 지금 바로 전화하세요"라며 결정을 계속 부추긴다. 또한 의심형을 위해 "사용해 보고 마음에 들지 않으면 언제든지 반품하세요"라는 말을 덧붙이고, 기간 중시형을 유혹하기 위해 "우선 한 달만 사용해 보세요"라고 말한다.

예를 들어 비용을 대폭 절감하기 위해 이제껏 시도해 보지 않은 방법을 생산 부서에 제안한다고 해보자. 효과가 있을 테니 한번 해보자는 식으로 제안을 들이밀면 상대방은 보통 받아들이지 않는다. 게다가 생산직이나 품질 관리와 연관된 부서에는 의심형 인물이 많다. 그래서 먼저 시도해 보고 결과를 확인한 뒤, 문제가 없으면 기간을 늘리며 다시 결과를 확인하는 식으로 단계를 차근차근 밟아 나가야 한다.

또한 비즈니스 현장에는 '몇 차례 미팅을 진행하거나 상황을 조금 더 지켜보고 나서 결정하겠다'와 같이 횟수와 기간을 중시하는 유형이 많다. 따라서 '몇 월부터 몇 월까지 총 몇 회'라고 횟수와 기간을 구체적으로 이야기하는 게 좋다.

결정을 돕기 위해 횟수와 기간을 명확히 제시해 설명한다.

설명 치트키 066

사람과 성과를 모두 고려해 제안한다

#인간 중시형과 성과 중시형

일을 하면서 어떨 때 성취감을 느끼는가? 만약 고객이 당신에게 일을 맡기길 잘했다고 할 때처럼 사람이나 감정에 초점이 맞춰져 있다면 '인간 중시형'이다. 한편 어려운 목표를 이루었을 때처럼 성과나 보상에 주목한다면 '성과 중시형'이다.

인간 중시형은 다른 사람의 이름을 언급하거나 감정을 자주 표현한다. 누구와 일하는지, 누구를 위해 일하는지가 중요하고 상대방의 기분에 잘 공감한다. 성과 중시형은 사람과 관련된 일보다는 과제 달성과 물질적 이득에 관심이 더 많다.

예를 들어 새로운 보안 시스템의 도입을 제안하는 경우를 생각해 보자. 인간 중시형에게 설명할 때는 '이 시스템을 도입하면 직원들이 마음 놓고 일할 수 있다'와 같이 사람이나 감정적 이점에 관해 이야기하면 마음을 쉽게 움직인다.

반면에 성과 중시형에게 설명할 때는 '이 시스템을 도입하면 지금보다 강력한 보안 체계를 만들 수 있다'와 같이 주목할 만한 성과나 보상을 언급하는 게 효과적이다.

실제 상황에서는 두 유형을 모두 설득할 수 있게 '이 시스템을 도입하면 믿을 만한 보안 체계가 만들어져 직원들이 마음 놓고 일할 수 있다'와 같이 설명하자.

지금까지 평소 자주 하는 말에 따라 사람을 유형별로 구분하고, 어떤 표현이 각 유형의 '행동 스위치'를 누르는지 알아보았다. 그리고 이렇게 얻어 낸 정보를 어떻게 활용하는지 예시를 통해 살펴보았다. 그러나 사람을 칼같이 한쪽으로 나눌 수는 없다. 같은 사람이어도 상황에 따라 반응이 달라지고 여러 성향이 나타난다. 중요한 것은 서로의 차이를 이해하고 상대방이 어떤 유형인지를 의식해서 설명하는 것이다.

Key Point

제안을 할 때는 성과뿐 아니라 사람의 감정도 고려한다.

5장

장악력

보는 이의 눈과 귀를 사로잡고 싶을 때

'왜 매번 자료를 다시 고쳐 오라고 할까?'

설명 치트키 067

5W1H에 따라 내용을 정리한다

#눈이 트이는 문서 작성법

보고나 회의 등을 위해 정보를 정리할 때는 육하원칙, 다시 말해 '5W1H'를 따라야 한다. 글을 쓸 때 지켜야 할 기본 원칙이라고 배운 사람도 많을 것이다.

5W1H는 Who(누가), When(언제), Where(어디서), What(무엇을), Why(왜), How(어떻게)를 가리킨다. 한마디로 '정보를 배치할 자리'와 같다. 5W1H를 의식하면 정보를 종류별로 정리하기가 편해져 필요한 내용만 전달할 수 있다.

예를 들어 입사 3년 차를 대상으로 열릴 워크숍을 어떻게 공지하면 좋을지 생각해 보자.

① 일시: 1월 30일(금) 13:00~17:00

② 장소: 제1회의실

③ 대상: 입사 3년 차 사원

위와 같이 공지하면 '언제', '어디서', '누가'에 해당하는 정보만 알 수 있다. 공지를 받은 직원은 뭘 할지는 모르지만 일단 워크숍에 참석하라는 뜻으로 알아들을 것이다.

이제 여기에 '무엇을', '왜', '어떻게'에 해당하는 정보를 추가해 보자.

① 일시: 1월 30일(금) 13:00~17:00

② 장소: 제1회의실

③ 대상: 입사 3년 차 사원

④ 내용: 주어진 과제에 대한 해결책을 스스로 찾아 제안하는 기술을 배운다.

⑤ 목적: 업무 역량 향상

⑥ 방법: 전문가 강의 및 실습

이렇게 더 많은 정보를 주면 워크숍에서 무엇을 할지가 명확해진다. 그러면 몇몇 직원은 워크숍에 대비해 '평소 궁금했던 사항들을 미리 정리해 두자' 같은 계획을 세울지도 모른다.

평소에도 문서를 일목요연하게 작성하는 습관을 들이고 싶다면 미리 5W1H의 각 항목이 적힌 양식을 만들어 두자. 특히 문제나 변수가 생겼을 때처럼 당황스러운 상황일수록 필요한 정보를 빠뜨리기 쉽다. 이럴 때 전달해야 하는 정보를 확인하는 차원에서 5W1H 양식의 빈칸을 하나씩 채워 나가면 좋다.

Key Point

5W1H에 따라 정리하면 정보의 해상도가 높아진다.

설명 치트키 068

글자의 굵기, 밑줄, 크기에 변화를 준다

#시간을 아끼는 강조의 기술

사내 공지, 보고서, 회의록과 같은 문서를 작성할 때는 중요하거나 꼭 봐야 하는 부분이 눈에 잘 띄어야 한다. 쓰는 사람이나 읽는 사람이나 모두 바쁜 직장인이다. 특히 직급이 올라갈수록 훑어볼 문서의 양이 늘어나서 하나하나 꼼꼼히 읽기가 어렵다. 따라서 상대방이 제대로 봐주길 기대해선 안 된다. 대강 훑어도 알아볼 수 있게 자료를 만들어야 한다. 만약 반드시 읽어주길 바라는 부분이 있다면 굵게 표시하거나 밑줄을 긋거나 글자 크기를 키워서 강조하자.

사내 공지문이라면 제출 기한처럼 마감과 관련된 정보를,

보고서나 기획안이라면 어필하고 싶은 내용을, 회의록이라면 중요한 결정 사안을 두드러지게 표시한다. 그렇다고 여러 정보를 너무 많이 강조하면 오히려 눈에 들어오지 않기 마련이다. 따라서 대충 지나치지 말고 꼭 봐주길 바라는 부분만 골라 키워드가 돋보이게 작성하는 편이 좋다.

글꼴에 따라 굵게 표시해도 눈에 잘 띄지 않는 경우가 있다. 그럴 때는 밑줄을 추가하면 알아보기 편하다. 그러나 강조하고 싶은 부분을 빨강, 파랑 등 색으로 구분하는 방법은 그다지 추천하지 않는다. 흑백으로 인쇄할 경우에 일부러 색을 넣은 글자들이 옅게 나와서 도리어 잘 보이지 않게 되기 때문이다.

메일을 작성할 때도 마찬가지다. 빨간 글자가 시선을 끌기는 좋지만, 상대에게 부담감을 줄 수 있기 때문이다. 빨간 글자로 '마감 엄수'라고 적힌 메일을 받았다고 생각해 보자. 기분이 썩 좋지 않다. 강조하고 싶은 내용에는 굵기, 밑줄, 크기로 변화를 주는 것이 가장 간단하고 확실한 방법이다.

Key Point

꼭 봐주길 바라는 부분만 골라 강조한다.

설명 치트키 069

대화를 글로 옮길 때는 보완 작업을 거친다

#말 속에 숨은 맥락 잇기

거래처 미팅에서 상대방과 대화한 내용이나 회의에서 주고받은 말을 회의록에 그대로 옮겨 적는 경우가 많다. 하지만 입에서 나온 말을 글로 옮길 때는 주의가 필요하다. 다음 예문은 타자기 개발자를 인터뷰한 글로, 활자 제작에 어떤 공을 들이는지에 대한 설명이다.

금형에 재료를 밀어 넣어서 활자를 만드는데, 그냥 밀어 넣으면 글자가 또렷하게 찍히지 않는다. 그런데 진동을 가하면서 누르면 모서리가 생겨서 글자가 또렷해진다.

글로 읽으니 어떤 생각이 드는가? 또렷한 글자란 어떤 글자인지, 모서리가 생긴다는 게 무슨 의미인지, 무엇에 진동을 가한다는 것인지 물음표만 떠오른다. 이제 수정한 예문을 보자.

금형에 재료를 밀어 넣어서 활자를 만드는데, 그냥 밀어 넣으면 글자가 또렷하게 찍히지 않는다. 예를 들어 A나 M 같은 글자의 뾰족한 부분이 둥글게 찍힌다. 그런데 재료를 금형에 밀어 넣을 때 진동을 가하면서 누르면 활자의 모서리가 날카로워져 글자가 또렷해진다.

이처럼 구어체에서는 한 문장이 길게 이어지거나 주어와 서술어의 관계가 모호해지는 경우가 많다. '이것', '그것'과 같은 대명사도 자주 나온다. 현장에서 직접 이야기를 들은 사람은 뉘앙스나 제스처 등 다른 정보를 함께 접하지만, 그 자리에 없던 사람은 아니다. 그러니 말을 글로 옮길 때는 의미가 매끄럽게 통하도록 보완하는 작업을 거치자.

Key Point

말을 글로 옮길 때는 읽는 사람의 입장에서 내용을 보완한다.

설명 치트키 070

보고서에는 사실과 함께 그다음까지 적는다

#감탄을 부르는 보고서 쓰기

신입 때 나는 보고서를 잘못 썼다고 자주 지적을 받았다. 어느 날은 '점검 중 ○○이라는 이상 징후를 발견해 대처했다'라고 보고서에 적었다가, 상사에게 "이것만 적으면 안 돼. 대처한 결과가 어떻게 되었는지까지 적어야지"라는 말을 들었다.

당시에는 괜한 반발심에 '대처했으니까 당연히 정상으로 돌아왔겠지'라며 속으로 불평했는데, 내가 보고를 받는 입장이 되고 나니 상사의 마음이 이해되었다. 보고서에는 '5분이 지나자 정상으로 돌아왔다', '수치가 ○○으로 회복되었다'와 같이 대처한 결과까지 적혀 있어야 일의 경과를 제대로 파악할 수 있다.

특히 출장 보고서를 쓸 때는 '○○ 을 했다', '○○ 였다'처럼 단순히 사실만 나열해선 안 된다. 보고를 받는 입장에서는 머릿속에 '그래서?'라는 물음표가 떠오르기 때문이다. 보고서를 쓸 때는 사실만 적지 말고 의견을 덧붙이자. 어떤 회사는 처음부터 보고서 양식에 의견을 쓰는 칸을 만들어 놓기도 한다.

그러나 '나는 □□ 라는 느낌을 받았다' 정도로는 상사를 만족시키기 어렵다. 감탄이 나오게 하고 싶다면 의견을 적으면서 스스로에게 '그리고?', '그래서?'라고 되묻자. 보고서에는 '나는 □□ 라는 느낌을 받았다. 그래서 앞으로 △△할 예정이다'와 같이 '무엇을 깨달았고 그 결과 앞으로 어떻게 할 것인지'에 대한 내용까지 적어야 한다. 보고서를 쓰면서 스스로 얻은 깨달음을 행동으로 옮겨 나가다 보면 하루가 다르게 성장하는 자신을 마주하게 될 것이다.

이렇게 기록을 남겨 놓으면 아이디어를 내거나 후배들에게 일을 가르쳐 줄 때 도움이 된다. 결국에는 회사뿐 아니라 자신에게도 의미 있는 자산으로 남는 것이다.

Key Point

스스로에게 다음 단계를 되물어 가며 보고서를 작성한다.

설명 치트키 071

흑백 인쇄가 기본이라는 사실에 주의한다

#변수를 최소화하는 법

온라인으로 문서를 만들고 공유하는 일이 늘고 있지만, 여전히 회의 자료를 종이에 뽑아서 나눠 줄 때가 많다. 컬러는 비용이 더 들기 때문에 대부분 흑백으로 인쇄한다. 그렇게 나온 자료는 화면으로 볼 때와는 느낌이 사뭇 다르다. 강조하려고 색을 입혔는데 흑백으로 바뀌면서 오히려 눈에 띄지 않게 되는 것이다. 특히 색깔로 구분해 놓은 막대그래프나 꺾은선 그래프를 흑백으로 인쇄하면 서로 비슷한 회색으로 나오기 때문에 어느 것이 무엇을 가리키는지 알 수 없어진다.

나는 예전에 배경색으로 짙은 빨간색과 파란색, 초록색을 자주 썼다. 그런데 흑백으로 인쇄하면 모두 검정에 가까운 색으로 나와 자료가 전체적으로 어둡게 보였다. 글자도 잘 보이지 않아 색을 다시 고르는 작업을 거쳐야만 했다. 그런 과정을 겪은 뒤로는 흑백으로 인쇄해도 잘 보이는 색상을 조합해서 자료를 만든다.

가장 간편한 방법은 회색으로 배경을 채우는 것이다. 그러면 '이 부분은 어떤 색으로 할까?'라고 고민할 필요가 없다. 회색의 명도를 다르게 하면 구분하기도 쉽다.

그래프의 경우에는 색이 아닌 무늬로 구분하는 편이 좋다. 막대그래프나 원그래프라면 사선이나 점을 넣어 구분하고, 꺾은선 그래프라면 꺾이는 부분에 들어가는 표식의 모양이나 선 종류를 각각 다르게 설정하자.

엑셀이나 파워포인트로 그래프를 만들면 자동으로 색이 칠해지기 때문에 색을 다시 지우고 무늬를 넣는 번거로움을 겪어야 한다. 그래도 조금만 손을 대면 누구나 한눈에 알아보기 쉬운 자료가 완성되니 수고를 아끼지 말자.

Key Point

흑백 인쇄에도 눈에 잘 띌 수 있는 색상 조합을 파악해 둔다.

설명 치트키 072

색이 아닌 모양으로 구분할 수 있게 한다

#다양한 요소 고려하기

사람은 색을 모두 똑같이 인식하지 않는다. 선천적이거나 후천적인 이유로 빨간색과 초록색을 구분하지 못하는 사람도 있고, 파란색과 초록색을 같은 색이라 말하는 사람도 있다.

그래서 관공서처럼 모든 사람에게 올바른 정보를 전달해야 하는 곳에서는 인쇄물이나 홈페이지를 만들 때 다양한 특성을 고려한다. 실제로 회사에서 새롭게 도입한 설비가 지역 환경에 어떤 영향을 미치는지 주민들에게 설명하는 자료를 만들 때 일이다. 당시에 나는 어디서 무엇을 측정하는지 알 수 있게 지도 위에 색으로 표시를 해두었는데, 그것을 본 공공 기관 담당자가 수정을 요청해 왔다.

"색으로 식별하지 못하는 사람도 있으니, 동그라미나 네모 같은 도형을 써서 모양으로 알아볼 수 있게 해주세요."

이 말을 듣기 전까지 색을 잘 알아보지 못하는 사람이 있다는 사실을 생각해 보지 않았던 터라 '아차!' 싶었다. 그 뒤로는 되도록 색에 의존하지 않고 자료를 만들려고 한다.

이 외에도 지나치게 밝거나 대비가 강한 색을 자주 쓰면 보는 사람이 피로감을 느끼므로 주의해야 한다. 내용이 아무리 좋아도 지나치게 화려하거나 너무 많은 종류의 색을 쓰면 어수선해 보여 읽고 싶은 마음이 생기지 않는다. 그만큼 문서도 첫인상이 중요하다.

자료를 만들 때는 나의 의도가 올바르게 전달될 수 있게 다양한 방법을 시도하자. 색에만 의존하다가는 큰코다치기 쉽다.

Key Point

누구나 쉽게 자료를 이해할 수 있도록 다양한 방법을 찾아본다.

설명 치트키 073

필요에 따라 세로축 값의 폭을 조정한다

#데이터의 주도권 확보

인바디처럼 체성분을 측정하는 검사에서 제공하는 꺾은선 그래프를 떠올려 보자. 이런 검사에서는 대부분 변화량을 알아보기 쉽도록 그래프 세로축의 최솟값을 0으로 설정하지 않는다. 예를 들어 몸무게는 매일 몇백 그램 정도씩 변하는데 최솟값을 0으로 해놓으면 그래프는 거의 일직선이 되어 변화가 없는 것처럼 보인다.

만약 60킬로그램대인 사람의 몸무게 추이를 나타낼 때 그래프 세로축의 최솟값을 55킬로그램, 최댓값을 65킬로그램으로 설정하면 어떻게 될까? 몇백 그램만 바뀌어도 그래프의 기울

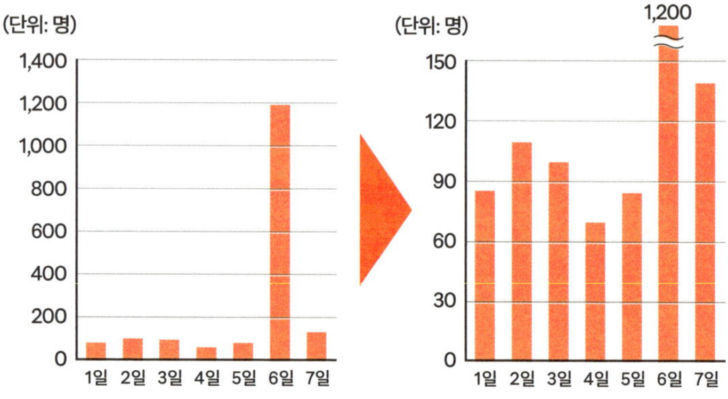

세로축 값의 폭을 바꾸기 전(왼쪽)과 후(오른쪽)

기가 커져 변화를 쉽게 알아차릴 수 있다. '크기는 작지만 분명히 변화했다'라는 사실을 보여 주는 것이 중요하다.

데이터를 다루다 보면 가끔 한쪽으로 크게 치우친 수치가 섞이는 경우도 생긴다. 하루에 손님이 100명 내외로 방문하던 가게가 방송을 타자, 다음 날 손님이 1,000명을 넘어선 경우를 예로 들 수 있다. 이렇게 바뀐 수치에 영향을 받아 세로축의 최댓값을 150명에서 1,400명으로 바꾸면, 100명 안팎일 때 변화량을 파악하기 어렵다. 이런 경우에는 위의 그래프처럼 세로축의 최댓값을 150명으로 되돌리자.

제품의 효과가 대단한 것처럼 보이기 위해 수치를 조작한

업체라는 인식이 퍼지면 고객으로부터 더는 신뢰받기 힘들다. 전체 상황을 먼저 보여 주고 '변화의 폭이 너무 작아서 잘 보이지 않는 부분을 확대하면 이렇습니다'라는 방식으로 접근해야 한다.

Key Point

그래프 세로축 값의 폭을 조절하면 변화를 더 쉽게 나타낼 수 있다.

설명 치트키 074

자신의 글을 타인의 시선으로 검토한다

#익숙한 것을 낯설게 만들기

꼼꼼히 확인했는데도 오탈자가 나오거나 다시 읽어 보니 어딘지 모르게 표현이 어색해서 당황스러웠던 적이 있을 것이다. 글자를 눈으로만 훑으면 오탈자나 어색한 표현이 잘 보이지 않는다. 그럴 때는 다른 사람에게 봐달라고 하면 좋다. 하지만 매번 남에게 검토를 부탁할 수는 없는 노릇이다. 그러면 어떻게 해야 좋을까?

자신이 쓴 글을 남에게 부탁하지 않고 직접 타인의 시선으로 확인하는 방법이 있다. 바로 TTS(Text to Speech) 기능을 사용하면 된다. 이 기능은 마이크로소프트사의 워드, 아웃룩, 파워포인트, 원노트에 내장되어 있다. 특히 분량이 많은 워드 문서를 검토할 때 이 기능을 사용하면 편하다.

사용법 또한 매우 간단하다. 읽기를 시작할 위치로 커서를 옮긴 다음, 워드의 '검토' 탭에서 '소리 내어 읽기'라는 기능을 클릭하기만 하면 된다(자세한 실행 방법은 마이크로소프트사 홈페이지의 고객지원 페이지에서 확인하자).

이 기능을 사용하면 입력한 텍스트가 음성으로 변환된다. 눈으로 글자를 쫓아가며 읽을 때와 달리 귀로 들으면 잘못 쓴 단어나 어색한 표현이 나올 때 쉽게 알아차릴 수 있다. 귀로 듣고 바로 이해되는 글은 매끄럽게 잘 쓴 글이다.

가끔 글자를 틀리게 읽는 등 보완해야 할 점은 있지만, 자신의 글을 직접 검토하는 용도로는 충분하니 꼭 한번 사용해 보길 바란다.

Key Point

TTS 기능으로 잘못 쓴 단어나 어색한 표현을 찾아낸다.

설명 치트키 075

무작정 컴퓨터 앞에 앉지 않는다

#시작은 아이디어 구상부터

많은 사람이 발표 자료를 만들 때 아무런 준비 없이 컴퓨터 앞에 앉아 파워포인트부터 켠다. 나 역시 그랬다. '어디 괜찮은 서식 없나?', '어떤 색을 넣을까?'라고 고민하며 내용과는 전혀 관계없는 일에 시간을 허비했다. 그렇게 시간은 시간대로 쓰고 완성도는 떨어져 나중에 가서 수정을 거듭해야만 했다. 이쯤 되니 방법을 바꿔야겠다는 생각이 들었다.

우선 종이를 꺼내 들고 발표할 내용의 핵심을 적었다. 여기서 말하는 핵심에는 '발표의 목적', '발표 대상', '가장 전달하고 싶은 내용', '근거가 되는 사실과 이유'가 들어간다. 손을 쓰면 갑자기 떠오르는 막연한 이미지까지 바로 그림으로 표현할 수 있다. 내용을 대강 써내려갔다면 이제 전체 흐름을 정리하자. 책의 차례를 만든다고 생각하면 된다.

물론 무엇을 써야 할지 감이 오지 않는 사람도 있을 것이다. 그럴 때는 소리 내어 말하면 도움이 된다. 이름하여 '혼잣말 회의'를 열어 보자. 머릿속에 떠다니는 생각을 '말하기'라는 행위를 통해 밖으로 끄집어내는 것이다. 그러면 하고 싶은 말이 정리된다. 다만, 입으로 말한 내용은 시간이 지나면 기억에서 금방 날아가 버리므로 메모나 녹음의 형태로 남겨 두는 게 좋다.

자기 생각을 말로 표현할 수 있게 되었다면 이제 설계도를 만들 차례다. 큰 종이를 8등분으로 접은 다음, 접힌 부분에 선을 긋자. 한 칸이 슬라이드 하나다. 각 칸에 슬라이드의 제목과 메시지, 사진과 그래프를 어떻게 배치할지 밑그림을 그린다.

여기까지 다 했다면 이제 파워포인트를 켜고 그대로 따라 만들기만 하면 된다. 이 방법을 쓰면 이리저리 헤매지 않고 발표 자료를 금방 완성할 수 있다.

Key Point

발표 자료를 만들 때는 우선 손과 입을 움직여 표현해 본다.

설명 치트키 076

1페이지
1메시지

#간결할수록 더해지는 깊이

슬라이드마다 글자와 도형으로 가득 채운 발표 자료를 본 적이 있다. 아마도 발표자는 화면에 띄운 글자가 잘 안 보여도 나눠 준 인쇄물을 보면 되니 괜찮다고 생각했을 것이다. 하지만 이런 경우 청중은 대부분 손에 든 인쇄물만 보고 발표자에게는 눈길도 주지 않는다. 그러면 서로의 표정을 볼 수 없어 비언어적 정보가 전달되지 않는다.

발표 자료는 읽어 주길 바라고 만드는 자료가 아니다. 한눈에 알아볼 수 있는 정보만 골라 내용의 이해를 돕는 것이 목적이다. 슬라이드 안에 정보를 빼곡하게 꽉꽉 눌러 담으면 보는 사람은 길을 헤매게 된다. 기본 원칙은 한 페이지에 한 메시지만 담는 것이다. 각 슬라이드에는 결론에 해당하는 메시지 하나와 그 메시지의 근거가 되는 사실과 이유를 적자.

정보량을 줄여 한눈에 알아보기 쉬운 발표 자료를 만드는 요령을 세 가지 소개하겠다.

첫째, 슬라이드 제목에 결론을 적는다. 예를 들어 '매출 감소의 원인'이 아니라 '매출 감소의 원인은 ○○ 이다'라고 쓰면 제목만으로 메시지를 바로 전달할 수 있다.

둘째, 문장을 되도록 짧게 쓴다. 키워드를 뽑아서 항목별로 적거나 그림으로 표현하면 깔끔한 인상을 줄 수 있다.

셋째, 추상적인 표현을 쓰지 않는다. '생산성 개선', '영업력 향상', '협력 활성화' 등을 예로 들 수 있다. 이런 표현은 보기에는 그럴듯해 보이지만, 의미를 모호하게 만든다. '생산량이 늘게 배치를 바꾼다', '영업 기술을 향상하기 위한 교육을 진행한다', '팀 미팅을 개최한다'와 같이 구체적인 표현을 쓰자.

Key Point

발표 자료를 만들 때는 핵심만 추려서 담는다.

설명 치트키 077

도시락을 싸듯 정보를 나눠 담는다

#머릿속 정보의 공간화

발표 전에 대본을 만들어 암기하는 사람이 적지 않다. 그런데 실전에서 대본을 떠올리려고 하다 보면 자신도 모르게 시선이 위나 옆으로 향하게 된다. 그러면 할 말을 기억해 내려고 애쓰는 모습을 청중이 알아채고 만다.

이런 상황을 원치 않는다면 대본을 토씨 하나 틀리지 않고 완벽하게 외우려고 애쓰지 말자. 그 대신 전달하려는 내용의 위치를 머릿속에 입력하자.

예를 들어 다음과 같이 도시락의 내용물을 설명한다고 가정해 보자.

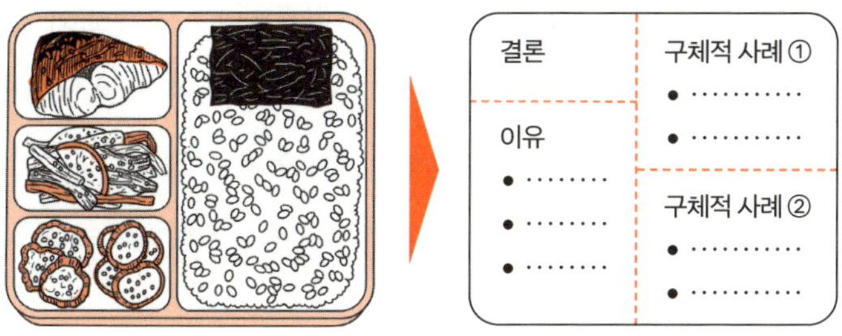

도시락통은 네 칸으로 나뉘어 있다. 오른쪽 칸에는 김을 얹은 밥이 담겨 있다. 왼쪽은 세 칸으로 나뉘어 있고 위에는 생선구이, 가운데는 채소 조림, 아래에는 장아찌가 들어 있다.

글을 읽으면서 머릿속으로 도시락통의 이미지가 떠올랐는가? 이러면 기억에 훨씬 오래 남는다. 발표할 때도 마찬가지다. 머릿속에 큰 도시락통을 떠올리고 그 안에 '정보'의 위치를 정해 두면 기억하기 편하다. 예를 들어 왼쪽 위에는 '결론', 왼쪽 아래에는 '이유', 오른쪽 위에는 '구체적 사례 ①', 오른쪽 아래에는 '구체적 사례 ②'를 두는 식이다. 그런 다음 세부적인 내용을 칸마다 채워 넣는다.

실제로 발표 자리에서는 머릿속에 넣어 둔 정보를 다시 꺼내기만 하면 된다. '왼쪽 아래에 있는 이유부터 시작하자'와 같이 순서와 위치만 의식하고, 나머지는 상황에 따라 자연스럽게 입에서 나오는 말로 설명하자. 기억에서 억지로 끄집어낸 말보다는 그때그때 떠오르는 말로 설명하는 편이 상대방에게 훨씬 잘 와닿기 때문이다.

Key Point

정보를 머릿속 공간에 각각 배치해 기억한다.

설명 치트키 078

시간에 맞춰 설명의 틀을 준비해 둔다

#시간대별 프레젠테이션 전략

발표할 때는 늘 변수가 있기에 항상 준비되어 있을 수는 없다. 이런 상황에 대비해 시간대별로 설명의 틀을 준비해 두면 좋다. 앞서 살펴본 '머릿속 도시락통'의 내용물을 시간대별로 나눠 보자. 만약 발표 시간이 10초라면 밥만 설명하고, 90초라면 밥과 생선구이에 채소 조림까지 설명하면 된다.

무언가를 제안하는 경우에는 보통 '문제 제기', '결론', '구체적인 사실과 이유'의 순서로 설명한다. 그런데 주어진 시간이 10초라면 문제 제기를 먼저 한 다음, 결론을 한마디로 마무리하자. 90초라면 문제 제기와 결론 뒤에 구체적인 사례 하나를 더

하면 적당하다.

예를 들어 다음과 같은 특징을 가진 조리 도구를 소개한다고 가정해 보자.

냄비에 재료와 양념을 넣고 스위치 하나만 누르면 끝입니다. 아무리 바짝 조려도 끓어 넘칠 걱정이 없습니다. 냄비가 알아서 조리하는 동안 여러분은 다른 집안일을 할 수 있습니다.

이 내용을 10초 안에 설명해야 할 때는 "시간을 효율적으로 쓰고 싶은 당신을 요리하는 시간에서 해방하는 원터치 만능 조리 도구입니다"와 같이 상대가 겪고 있을 문제를 짚어 준 뒤 결론을 짧게 정리한다.

90초 안에 설명해야 할 때는 "시간을 효율적으로 쓰고 싶지 않나요? 이 제품은 그런 당신을 요리하는 시간에서 해방하는 원터치 만능 조리 도구입니다. 만약 생선조림을 만든다면 냄비에 생선과 양념을 넣고 스위치를 누른 다음 기다리기만 하면 됩니다. 끓어 넘치거나 눌어붙지 않으니 계속 냄비 곁을 지키지 않아도 괜찮습니다"와 같이 구체적인 사례 하나를 덧붙인다.

주어진 시간이 짧다면 모든 내용을 다 전달하려고 하지 말

자. 요점만을 전달하여 상대방이 스스로 더 듣고 싶다고 생각하게 만드는 것을 목표로 삼아야 한다.

Key Point

주어진 시간에 따라 설명의 양을 조절한다.

설명 치트키 079

도입부에 질문을 던져 호응을 유도한다

#발표의 성패를 좌우하는 시작

사람들 앞에 선 발표자는 홀로 이야기하는 형태가 되기 쉽다. 그런데 잠시 상상해 보자. 일상에서 대화할 때 상대방이 하는 이야기를 계속 들어야만 하는 상황이라면 꽤 힘들지 않을까?

이런 상황을 막으려면 청중에게 질문을 던지는 것이 좋다. 특히 발표를 시작하는 단계에서는 말하는 사람과 듣는 사람 사이에 '보이지 않는 벽'이 존재한다. 이때 질문을 던지면 서로를 가로막은 벽이 허물어져 같은 공간에 있다는 느낌을 줄 수 있다.

질문은 상대방이 대답하기 쉬운 것으로 준비한다. 단, 시간이 정해져 있으므로 "오늘 어떻게 오셨나요?"와 같은 개인적인 질문보다는 발표 내용과 어울리는 질문을 하는 편이 좋다.

예를 들어 "이런 문제로 고민하시지는 않습니까?", "이런 것이 있으면 좋겠다고 생각하시는 분 계십니까?"가 있다. 발표자가 관심사를 꺼내면 듣는 사람은 속으로 '그래, 맞아' 하면서 공감하거나 자연스레 고개를 끄덕인다.

"A라고 생각하는 분은 손을 들어 주세요"와 같이 거수를 유도하는 방법도 좋지만, 이런 질문은 도입부보다는 이야기가 조금 진행되고 나서 하는 편이 낫다. 시작 단계에서는 말하는 사람이나 듣는 사람 모두 아직은 긴장한 상태이므로 대다수는 주변을 의식해서 쉽사리 손을 들지 못한다. 또한 손을 들어 달라고 말했는데 반응이 없으면 말하는 사람도 시작부터 기세가 꺾인다.

발표할 때는 상대방과 대화를 주고받는다는 생각으로 임하자. 이때 질문을 던지면 청중은 실제로 소리 내지는 않더라도 머릿속으로 발표자와 대화를 나누게 된다.

Key Point

청중이 발표자와 같은 곳에 있다고 느낄 만한 질문을 던진다.

설명 치트키 080

앞사람과 대화하듯 눈을 마주치며 발표한다

#시선에 얽매이지 않는 법

'다른 사람의 눈을 보면서 말해라', '이야기할 때는 상대방과 시선을 맞춰라'라는 말을 들어 봤을 것이다. 발표할 때도 마찬가지이다. 발표자가 원고나 슬라이드만 보면서 말하면 듣는 사람이 어떻게 반응하는지 알 수 없다. 설명이 상대방에게 제대로 전해지길 바란다면 눈을 마주쳐야 한다. 이때 긴장이 되는 사람은 상대방의 두 눈썹 사이를 보면 된다.

일대일로 발표할 때는 더욱더 상대방의 눈을 보면서 말하자. 단, 상대방이 긴장할 수 있으므로 질문을 던지거나 상대방의 대답을 들을 때 3초 정도 눈을 마주치는 게 좋다.

한 손에 꼽을 정도로 적은 인원 앞에서 발표할 때는 한 사람씩 차례로 눈을 마주치자. 장소가 넓다면 맨 뒷사람까지 시선이 닿도록 의식하면서 자리마다 사람을 한 명씩 정해 놓고 시선을 분배하자. 예를 들어 오른쪽 열, 가운데 열, 왼쪽 열에 앉은 사람과 각각 눈을 마주치면서 말하면 된다. 그리고 현장에는 발표자의 이야기에 '맞아요'라고 맞장구치거나 고개를 끄덕이는 등 반응이 좋은 사람이 반드시 있게 마련이다. 그런 사람을 찾아 눈을 마주치면 분위기가 한결 부드러워진다.

단 눈을 마주쳐야 한다는 생각에 얽매여 시선을 맞추는 행위 자체가 목적이 되지 않도록 주의하자. 눈을 마주치는 이유는 상대방과 마음을 주고받으면서 이야기하기 위해서다. 청중이 한 명이든 여러 명이든, 캐치볼을 주고받는 상대는 언제나 한 명이다. 한 명 한 명 눈을 바라보면서 그 사람에게 말을 걸면 듣는 사람은 '나에게 말을 걸고 있구나'라고 느낄 것이다.

Key Point

발표할 때는 한 사람씩 눈을 마주치며 말한다.

설명 치트키 081

침묵으로 집중도를 높인다

#잠시 멈춤의 효과

내가 고등학생 때 있었던 일이다. 꾸벅꾸벅 조는 학생을 발견한 선생님이 "얘들아, 잠시만 조용히 하자"라고 말씀하시더니 수업을 멈췄다. 그리고 교실에 정적이 흐르고 얼마 지나지 않아 졸던 학생이 갑자기 눈을 번쩍 떴다. 교실의 분위기가 달려졌음을 느낀 것이다.

어수선한 세미나 장소에서도 강사나 사회자가 아무 말도 하지 않고 가만히 있으면 일순간에 고요해지면서 청중의 이목이 무대 위로 집중된다.

이처럼 침묵에는 주목을 끄는 효과가 있다. 비슷한 내용이 반복되고 설명이 늘어질수록 청중은 지루해한다. 그래서 무엇이 중요하고 어디를 강조하고 싶은지 짚어 줘야 한다. 이때 침묵을 이용하면 좋다. 중요한 이야기를 할 때, 어떤 키워드를 강조하고 싶을 때는 말을 꺼내기 전과 후에 잠시 시간을 두자.

예를 들어 "발표를 시작할 때 반응을 이끌어 내려면 질문을 던져야 합니다"라고 지나가듯이 흘려 말하면 듣는 사람의 머릿속에서도 스르륵 흘러가 버린다. 이제 "발표를 시작할 때 반응을 이끌어 내려면"까지 말하고 나서 '여기서부터 중요한 이야기를 하겠다'라고 여겨질 만큼 침묵하자. 청중에게는 '어떻게 해야 하지?' 하고 잠시 생각할 시간이 생긴다. 그리고 "질문을 던져야 합니다"라고 말한 뒤에 다시 한번 말을 멈추자. 그러면 청중도 '아, 질문을 던져야 하는구나' 하고 답을 확인하는 시간을 갖는다.

청중에게도 들은 내용을 소화할 시간이 필요하다. 듣는 사람에게 강한 인상을 남길 수 있도록 설명에 잠깐의 침묵을 곁들여 보자.

Key Point

잠시 침묵하면 청중의 이목을 모을 수 있다.

설명 치트키 082

서 있는 위치로 시간의 흐름을 나타낸다

#상대의 시선이 움직이는 방향

종이에 가로줄을 하나 그어 보자. 그 선이 시간의 흐름이라면 '과거'는 왼쪽과 오른쪽 중 어느 쪽에 가까울까? 아마 대다수가 왼쪽을 과거로 볼 것이다.

우리는 보통 시간이 왼쪽에서 오른쪽으로 흐른다고 여긴다. 실제로 데이터를 정리할 때나 그래프를 그릴 때도 시간의 흐름을 왼쪽에서 오른쪽으로 표시한다. 따라서 발표 현장에서 시간의 방향을 나타내고자 한다면, 왼쪽에서 오른쪽으로 서 있는 위치를 바꾸자. 다만 이때 발표자는 청중의 맞은편에 있으므로 과거는 오른쪽, 미래는 왼쪽으로 나타내야 한다.

무언가를 새롭게 제안하는 자리에서는 앞으로 나아가야 할 방향이나 목표와 같이 미래에 관한 이야기가 중요하다. 이럴 때는 왼손으로 위를 비스듬히 가리키자. 그러면 듣는 사람의 머릿속에 점점 성장하는 미래의 이미지를 심어 줄 수 있다.

만약 위치를 자유롭게 바꿀 수 있는 장소라면 '1단계에서는…… 2단계에서는…….'이라고 하면서 오른쪽에서 왼쪽으로 이동하자. 설명에 움직임을 더하면 들을 때 더욱 집중하게 된다.

Key Point

시간의 흐름을 의식하면서 손과 다리를 움직인다.

설명 치트키 083

의식의 화살을 상대방 쪽으로 옮긴다

#나 중심에서 상대 중심으로

여러 사람 앞에 설 때는 누구나 긴장하게 마련이다. 하지만 자신 없는 목소리로 속삭이듯 말하면 듣는 사람도 조마조마해서 설명에 집중하지 못한다. 꾸며 낸 모습도 괜찮으니 당당한 태도로 말하자. 미소 띤 얼굴로 인사만 잘해도 긴장이 풀린다.

자신감 있게 발표하려면 사전 연습은 필수다. 특히 주어진 시간 안에 발표를 마치려면 미리 시간을 잘 배분해 두어야 한다. 파워포인트의 '슬라이드 쇼' 탭에는 '예행 연습'이라는 기능이 있다. 클릭하면 슬라이드마다 어느 정도 시간이 걸리는지 잴 수 있다. 각 슬라이드에 필요한 시간을 확인해 보고, 말하는 속도를 조절하거나 대사를 덜어 내자. 주어진 시간 안에 발표를 마치는 것만 잘해도 마음 놓고 실전에 임할 수 있다.

나도 한때 발표하는 자리에서 마이크를 잡은 손이 덜덜 떨릴 만큼 긴장해 봤다. 반면에 적당한 긴장감을 즐기면서 발표한 적도 있다. 무엇이 달랐을까? 바로 자신과 상대방 중 어느 쪽으로 의식의 화살을 겨누었는지에 따른 차이였다.

지나치게 긴장한 날을 돌이켜 보면 '잘해야 한다', '실패하면 얼마나 창피할까'라는 생각이 머릿속에 가득했다. 의식의 화살이 오로지 나 자신을 향해 있었기 때문이다. 반면에 긴장감을 즐겼던 날에는 '이 이야기는 꼭 하고 싶다', '어떻게든 이 부분만이라도 기억에 남기고 싶다'라는 생각에 자연스럽게 목소리에 힘이 들어갔다.

발표할 때는 상대방 쪽으로 의식의 화살을 돌리는 것이 가장 중요하다. 그러면 저절로 시선은 상대방에게 향한다. 목소리의 억양이나 크기도 훨씬 자연스럽게 들린다.

Key Point

이것만큼은 상대에게 꼭 닿게 하겠다는 마음으로 발표에 임한다.

6장

전달력

얼굴을 보지 않고 소통해야 할 때

'화면 너머에서는 내가 어떻게 보일까?'

설명 치트키 084

제목만 봐도 용건을 알 수 있어야 한다

#클릭하고 싶은 메일의 정석

사람들은 보통 하루에 메일을 몇 통이나 받을까? 2023년 일본에서 조사한 비즈니스 메일 실태 조사에 따르면, 하루에 수신하는 메일 건수는 1인당 평균 약 50통이다. 이러한 상황에서 자신이 보낸 메일을 상대가 재빨리 열어 보길 바란다면 어떻게 해야 할까? 바로 제목만으로 내용을 파악할 수 있게 작성하는 것이 중요하다.

만약 '견적 관련 건'이라는 제목으로 메일을 하나 받았다고 해보자. 제목만 보면 무엇에 관한 견적인지, 견적서 제출인지 아니면 문의인지와 같은 의문이 들 수밖에 없다. 이것을 '○○ 시스템 도입 관련 견적서 송부'와 같이 적는다면 제목만으로 내용을 짐작할 수 있다. 또한 제목을 구체적으로 적으면 수신자는 지금 바로 확인해야 하는지, 나중에 봐도 되는지 판단하기 쉽다. 제목만 봐도 언제, 어디서, 무슨 용건으로, 무엇을 요청하는 메일인지 알 수 있게 작성하자.

'[재확인], [공지], [보고], [문의]'와 같은 말머리를 제목에 넣어 메일을 보낸 목적을 먼저 알리는 방법도 추천한다. 다만 빨리 열어 보게 하려는 의도로 제목에 '[중요], [긴급]'과 같은 말머리를 넣는 방법은 추천하지 않는다. 막상 열어 보면 그다지 중요하지 않을 때가 많기 때문이다. 이런 일이 반복되면 나중에는 정말 중요한 메일도 그냥 지나칠 수 있다.

'[확인 요망], [회신 요망]'과 같이 행동을 강요하는 듯한 표현도 되도록 피하자. 상대방에게 부담감을 줄 수 있으므로 외부인이나 상급자에게 이런 메일을 보낼 때는 특히 주의해야 한다. 부탁하는 말은 제목이 아니라 본문에 정중하게 적자.

Key Point

무엇을 어떻게 하길 바라는지 메일 제목에 구체적으로 적는다.

설명 치트키 085

메일은 한 줄에 20자 이내로 적는다

#바쁜 일상 속 여백의 미

요즘은 바빠서 대개 메일을 꼼꼼히 읽기보다 대충 훑어본다. 그래서 메일도 '눈에 보이는 부분'이 중요하다. 처음부터 끝까지 글자로 빽빽하거나 문장이 구구절절 길게 이어지는 메일을 받으면 무슨 내용인지 한눈에 알아보기 어렵다. 그뿐 아니라 내용을 정리하지 않고 보냈다는 인상을 줄 수 있다. 따라서 어디에 무엇이 적혀 있는지 알아보기 쉽도록 정보가 자리한 영역을 구분해서 메일을 써야 한다.

특히 한 줄에 20자 이내로 적는 게 가장 좋다. 그렇다고 일일이 글자 수를 세어서 쓸 수는 없으므로 적당한 곳에서 줄을 바꿔 주자. 비교를 위해 단순히 20자를 기준으로 줄을 나눈 경우를 살펴보자.

향후 일정에 관한 계획안을 7월 31일
까지 작성해서 8월 5일에 제출해야
합니다.

의미를 고려하지 않고 줄을 바꿔서 읽기 불편하다.

향후 일정에 관한 계획안을
7월 31일까지 작성해서
8월 5일에 제출해야 합니다.

이렇게 의미 단위별로 쪼개서 줄을 바꾸는 것이 훨씬 매끄럽게 읽힌다. 또한 메일을 쓸 때는 네다섯 줄마다 한 줄씩 띄어서 빈 공간을 만들자. 글의 흐름이 훨씬 분명해진다.

Key Point

메일을 쓸 때에는 의미 단위별로 끊어 줄을 바꿔 준다.

설명 치트키 086

채팅방에 현재 상황을 바로바로 공유한다

#실시간 문자 중계

공장에서 일할 때 낙뢰로 정전이 발생하면 비상이 걸리곤 했다. 이런 일이 생기면 '제어실에서 전체 상황을 파악한 뒤 관련 부서에 연락하는 사람'과 '현장으로 달려가 멈춰 버린 기계를 재가동하는 사람'으로 나뉘어 복구에 나서야 한다. 현장과는 보통 전화로 상황을 주고받는데, 그동안 여러 부서에서 쉴 새 없이 문의 전화가 빗발친다. 전화를 받지 못하면 왜 전화를 받지 않느냐며 불같이 화를 내는 사람도 있다.

그 뒤 나는 중국으로 건너가 근무했는데, 중국에서는 업무 연락이나 지시가 모두 채팅을 통해 이루어졌다. 어느 날, 중국에서도 정전이 발생했다. 문제 상황이 단체 채팅방에 전해지자 담당자들은 각자 복구 작업을 위해 현장으로 달려갔다. 그리고 현장 상황을 속속들이 채팅방에 알려 주었다. 마치 각지에서 전해주는 실시간 중계를 보는 듯했다.

덕분에 제어실에 남은 나는 화이트보드 위에 전체 상황을 정리하는 일에만 전념할 수 있었다. 관련 부서에 연락할 때도 화이트보드를 사진으로 찍어서 채팅방에 올렸는데, 말로 이런저런 설명을 할 때보다 훨씬 잘 전달되었다.

요즘은 업무에 메신저를 이용하는 직장이 대부분이다. 채팅의 가장 큰 장점은 각자 흩어져 있어도 동시에 같은 정보를 공유할 수 있다는 점이다. 어떤 대화를 나누었는지가 기록으로 남기 때문에 이후에 같은 문제가 일어났을 때 찾기 쉽고 내용을 파악하기에도 편하다.

프로젝트를 관리하거나 문제에 대응해야 하는 상황에 있다면 채팅을 통해 효율적으로 정보를 전달하자.

Key Point

채팅은 신속히 정보를 공유해야 할 때 큰 힘을 발휘한다.

설명 치트키 087

업무상 연락에는 이모티콘을 사용하지 않는다

#있는 그대로 전달하라

이모티콘을 사용하면 문자로 전달하기 어려운 뉘앙스를 담을 수 있다. 동시에 오해를 불러일으키거나 중요한 정보가 보이지 않을 가능성이 있다. 그렇기에 업무 연락 시에는 이모티콘을 사용하지 않는 편이 좋다.

납품 실수로 고객 불만이 접수되어 다급하게 메신저로 상사에게 보고하는 경우를 예로 들어 보자.

납품 실수로 고객 불만이 접수되었습니다 😅

죄송합니다 😭

이모티콘을 쓴 메시지를 받으면 '이 이모티콘으로 무엇을 나타내려고 한 걸까?' 하는 생각에 보고받은 내용 이외의 포인트로 신경이 쏠린다. 반면에 아래처럼 이모티콘이 없으면 정보를 있는 그대로 받아들이기 쉽다. 성실하다는 느낌도 전해진다.

납품 실수로 고객 불만이 접수되었습니다.

죄송합니다.

노심초사한 마음이나 죄송한 마음을 표현하고 싶어서 이모티콘을 사용했겠지만, '메시지를 보내는 사람의 감정'은 불필요한 정보다. 상사에게 보고하거나 상황을 공유할 때는 '사실'의 전달이 기본이다. 따라서 육하원칙(5W1H)에 따라 사실을 간결하게 담아내야 한다. 모호한 뉘앙스나 감정을 더할 필요는 없다.

애초에 문자는 복잡한 내용을 보고하기보다는 필요한 정보를 빠르게 알리는 데 적합하다. 이모티콘은 되도록 사용하지 말고 핵심만 추려서 전달하자.

Key Point

업무 연락에는 이모티콘으로 모호한 뉘앙스를 더하지 않는다.

설명 치트키 088

부하 직원에게 연락할 때는 이모티콘 OK!

#소통의 벽을 넘어서

앞서 업무 관련 메시지를 보낼 때는 이모티콘을 사용하지 말라는 이야기를 했다. 그런데 상사가 부하 직원에게, 선임이 후임에게 메시지를 보낼 때는 이모티콘을 사용하는 게 좋다. 상사나 선임은 그럴 의도가 아니어도, 자신보다 직급이 높은 사람에게 메시지를 받으면 왠지 모를 압박을 느끼기 때문이다.

얼굴을 마주 보고 대화하면 표정이나 몸짓, 손짓으로 감정과 뉘앙스가 전해진다. 전화로 소통할 때도 목소리 톤이나 주변 소리로 상대방의 상황을 짐작할 수 있다. 하지만 텍스트만 오가는 채팅창에서는 상대방이 어떤 의도로 보낸 메시지인지 미묘한 뉘앙스까지 알아차리기 어렵다.

예를 들어 상사에게 '지금 바로 회의실로 ○○ 관련 자료를 가지고 와주세요'라는 메시지가 왔다고 해보자. '화가 난 걸까?', '자료 준비가 부족했다고 혼나려나' 하는 생각에 마음이 벌써 불안해진다. 실제로는 신경 쓰이는 부분이 있어서 추가로 자료를 확인하려던 것뿐인데 말이다.

만약 메시지에 '지금 바로 회의실로 ○○ 관련 자료를 가지고 와주세요🙏'와 같이 이모티콘이 붙어 있다면 어떨까? 번거롭게 해서 미안해하는 상사의 마음을 알아채고 괜한 긴장감에 사로잡히지 않을 것이다.

그 밖에 '그 일은 어떻게 되었나요??'라든가 '내일이 마감일이죠?!'와 같이 물음표나 느낌표를 여러 번 사용하면 상대방은 무언의 압박을 느끼기 쉽다. 메시지를 보낸 사람에게는 그럴 의도가 전혀 없다고 해도 받는 사람 눈에는 추궁하는 것처럼 보이기 때문이다. '재촉하는 건가?', '비꼬는 건가?'와 같이 안 좋은 의미로 받아들이는 경우도 있으니 주의하자.

Key Point

직급이 높을수록 이모티콘을 적극적으로 사용한다.

설명 치트키 089

확인이 급한 자료는 이미지 파일로 보낸다

#상사를 움직이는 센스

열 페이지가 넘는 슬라이드 자료 중 한 페이지만 급하게 상사에게 확인을 요청할 때는 어떻게 해야 할까? 혹시 메일이나 메신저로 파워포인트 파일을 통째로 첨부하고 '세 번째 슬라이드의 ○○ 부분을 이렇게 가도 괜찮은지 확인 부탁드립니다'라고 적어 보내지는 않는가?

자료를 전부 확인해야 할 때는 당연히 전체 파일을 보내야겠지만, 일부만 확인이 필요할 때는 해당 슬라이드만 이미지 파일로 만들어서 보내자. 아니면 출장지에서 자료를 확인할 때 일일이 파일을 내려받아야 한다. 더구나 외근 중에는 보통 스마트폰을 이용하는데, 스마트폰으로 파워포인트 파일을 열면 글자 배열이 틀어지거나 레이아웃이 깨져 보이는 경우가 많다. 하지만 이미지 파일로 보내면 이럴 염려가 없다.

이미지를 보내기 전에 어느 부분을 확인해야 하는지 알아보기 쉽도록 동그라미나 화살표로 표시하면 더욱 좋다.

예를 들어 '슬라이드 안에 원이 3개 있는데, 그중 가장 오른쪽 원 안에 적힌 ○○ 이라는 표현이 맞는지 확인 부탁드립니다'와 같이 말로 하면 설명이 길어진다.

반면에 확인이 필요한 부분에 동그라미 표시를 하고 '빨간색 동그라미로 표시한 부분에 적힌 표현이 맞는지 확인 부탁드립니다'라고 말하면, 상대방도 확인해야 하는 부분이 어디인지 한눈에 알아볼 수 있다.

이처럼 상대방의 입장에서 생각해 보고 조금만 더 공들이면 일이 훨씬 쉬워진다.

Key Point

외부에서도 자료를 바로 볼 수 있도록 이미지로 만들어 보낸다.

설명 치트키 090

화면 캡처는 정보를 보충하는 역할로 쓴다

#이미지라는 정보의 무게

스마트폰의 화면 캡처 기능을 사용하면 이미지 파일을 쉽게 만들어 보관할 수 있다. 일일이 말로 설명하지 않아도 캡처한 이미지를 보내면 무슨 의미인지 한눈에 파악되니 편리하다. 하지만 단순히 화면만 캡처해서 보내면 상대방에게 필요한 정보를 빠트릴 수 있으니 조심해야 한다.

예를 들어 여럿이 함께 출장을 가는 상황에서 한 사람이 교통비를 정산하기로 했다. 팀원들은 각자 정산 담당자에게 집에서 출장지까지 걸리는 경로와 교통비를 적어 보내야 한다. 여러분이라면 어떻게 정리하겠는가? 나는 다음과 같이 적어 보냈다.

○○버스 정류장~△△역: ***원

△△역~ㅁㅁ역: ***원

편도 교통비 합계: ***원

왕복 교통비 합계: ****원

그런데 지도 앱 화면을 캡처해서 보낸 사람이 있었다. 캡처한 이미지에는 경로별 금액, 편도 교통비 합계만 있고 왕복 교통비 합계는 나와 있지 않았다. 정산 담당자는 이미지에 적힌 금액을 바탕으로 직접 왕복 교통비 합계를 계산해야 했고, 어려운 일은 아니지만 이게 맞는지 의문이 들었다고 한다.

어쩌면 그 팀원은 실제로 이만큼 교통비가 들었다는 사실을 밝히기 위해 지도 앱 화면을 캡처해서 보냈을지도 모른다. 하지만 '보면 알 것'이라는 생각은 결코 설명이 될 수 없다.

목적을 고려했을 때 상대방에게 필요한 정보는 무엇인지 생각해 보고, 결론은 되도록 글로 정리해 전달하자. 이때 화면 캡처 기능은 결론을 보완하는 역할로 쓰면 충분하다.

Key Point

결론은 글로 정리하고, 캡처한 이미지는 보충 자료로 활용한다.

설명 치트키 091

불편한 대화일수록 문자가 아닌 말로 한다

#미묘한 뉘앙스의 차이

사람끼리 얼굴을 맞대고 대화를 나눌 때, 우리는 언어뿐 아니라 표정, 목소리 톤, 제스처 같은 정보를 함께 받아들인다. 예를 들어 상대방의 표정이 어둡거나 목소리가 갑자기 작아지면 '무슨 일 있나?', '기분이 안 좋은가?' 하고 상대방에게 일어난 미묘한 감정 변화를 감지해 낸다. 하지만 문자를 통해 대화를 주고받을 때는 말의 뉘앙스나 감정을 가늠하기가 어렵다.

따라서 상대방에게 불편한 이야기를 할 때는 더욱 신중해야 한다. 예를 들어 얼굴을 마주하지 않은 상태에서 주의를 주거나 고쳐야 할 부분을 전달했다가 서로 감정의 골만 깊어질 수 있다.

메일이나 메신저로 의견을 전달하면 상대방의 반응을 바로 확인할 수 없다. 분명 읽었는데 답이 없으면 기다리는 사람도 감정이 상하기 쉽다. 만약 상대방이 변명을 하거나 반론을 제기해 문자로 다투기 시작하면 괜히 사이만 나빠진다.

게다가 메일이나 메신저로 주고받은 내용은 남는다. 기록이 남는다는 것은 여러 번 반복해서 읽게 될 가능성이 있다는 뜻이다. 결국 그 메시지를 볼 때마다 불편했던 감정이 되살아날 것이다.

물론 기분이 나쁘면 보지 않으면 된다. 메시지야 삭제하면 그만이다. 하지만 불쾌한 메시지를 받았다고 해서 모든 사람이 그것을 삭제하지는 않는다. 이는 메시지를 보낸 사람이 통제할 수 없는 영역의 일이다.

상대방에게 불편한 이야기를 할 때는 '할 이야기가 있다'라는 말만 메일이나 메신저로 보내고, 나머지는 직접 얼굴을 보면서 말하자.

Key Point

주의나 개선을 요청할 때는 문자로 전하지 않는다.

설명 치트키 092

SNS 프로필에는 현재부터 적는다

#효과적인 자기 어필

SNS가 일상이 된 만큼 자신을 내세울 기회가 늘어났다. 현재 창업 또는 부업을 하고 있거나 앞으로 할 계획이 있다면 SNS에서 프로필의 역할은 매우 중요해진다. 프로필을 쓸 때는 '자신이 어떤 일을 할 수 있는 사람인지'를 보여 줘야 한다. 그런데 여전히 이력서나 다름없는 프로필을 마주할 때가 많다.

이력서를 쓸 때는 보통 학력과 경력을 비롯해 자신의 인생을 과거부터 지금까지 시간순으로 나열한다. 하지만 SNS 프로필은 '현재 → 과거 → 미래' 순서로 써야 한다. 상대방은 '지금 당신이 어떤 사람인지'를 궁금해하기 때문이다. 따라서 현재 무슨 일을 하며 누구에게, 어떤 가치를, 어떤 방식으로 제공하는지에 대해 먼저 밝혀야 한다.

그러고 나서 '지금의 나'를 뒷받침하는 자료로 '과거'를 이야기하자. 현재 이 일을 하게 된 계기, 과정, 과거의 성과 등을 덧붙이면 좋다. 이때 조심해야 할 점이 있다. 반드시 '지금 내가 하는 일과 관련 있는 과거'여야 한다는 것이다.

예를 들어 "경영 컨설턴트로서 조직 개선 방안을 제시하고 지원하는 업무를 맡고 있으며, 이전에는 보육 교사로 일했다"라고 소개한다 해보자. 만약 조직 개선 업무를 담당한 곳이 보육기관이고 과거의 경험을 살려 현재에 이르렀다면 괜찮다.

그러나 보육 교사로 일할 때 그림책 읽어 주기가 특기였다고 이야기하면, 상대방은 '그게 지금 무슨 상관이지?'라며 의아해할 것이다. 따라서 자신에게 의미가 있더라도 그것이 지금 전하려는 정보와 관련 없는 과거라면 과감히 생략하자.

마지막으로 지금 하는 일을 통해 어떤 미래를 이뤄 가고 싶은지에 대해 덧붙인다면 매력적인 프로필이 완성될 것이다.

Key Point

프로필을 쓸 때는 '현재의 자신'에 '과거'와 '미래'를 연결한다.

설명 치트키 093

화면에 잡히는 배경은 깔끔할수록 좋다

#불필요한 정보 덜어 내기

화상 회의와 온라인 세미나는 어느새 우리의 일상이 되었다. 재택으로 거래처를 위한 프레젠테이션을 진행하는 일도 종종 있다. 그럴 때 상대방의 화면에 내가 어떻게 비치는지 생각해 봤는가? 내가 등지고 있는 배경은 상대방의 집중력은 물론, 나의 인상을 좌우한다.

실제로 화면 속 상대방이 등지고 있는 배경을 보면 '거실과 마주 보는 형태의 주방이구나', '인테리어가 멋있네'라는 생각에 빠지기 쉽다. 상대방의 얼굴보다 배경에 시선이 가는 탓이다. 그러니 상대방이 집중할 수 있도록 설명과 관계없는 정보들은 되도록 없애는 편이 좋다.

하지만 장소에 따라서는 선택지가 없는 경우도 있다. 이럴 때는 가상 배경을 활용하면 된다. 가상 배경 중에서도 되도록 깔끔하고 단순한 것으로 고르자. 특히 거래처 미팅, 강연처럼 자신이 화면 너머에 있는 상대에게 설명을 해야 하는 자리에서는 무늬 없는 흰색 배경을 고르는 것이 좋다.

색이 화려하거나 움직임이 있는 풍경, 동물을 배경으로 고른 것을 화제로 삼아 분위기를 부드럽게 만들 수도 있다. 하지만 결국에는 집중력을 떨어뜨리는 요인이 되므로 설명하는 자리에서 쓰기에는 적합하지 않다.

물론 가상 배경이 만능은 아니다. 예를 들어 손에 든 제품을 보여 주려다가 제품까지 가상 배경에 덮여 잘 보이지 않는 경우가 있다. 프로그램이 실제 배경과 제품을 구분하지 못해서 생기는 문제다. 이런 현상은 뒤에 녹색 스크린을 깔면 해결되지만, 이렇게까지 준비하기가 어렵다면 가상 배경을 사용하지 않는 편이 낫다.

Key Point

화상 회의에서는 되도록 깔끔하고 단순한 배경을 이용한다.

설명 치트키 094

컴퓨터 카메라와 눈높이를 맞춘다

#자연스러운 시선 처리법

발표할 때는 상대방과 눈을 마주치는 것이 중요하다고 이야기했다. 온라인에서도 마찬가지다. 다만 온라인으로 발표할 때는 화면에 나오는 상대방의 눈이 아니라 컴퓨터에 달린 카메라를 봐야 한다. 카메라와 시선이 어긋나면 상대방이 보기에 매우 어색하기 때문이다.

예를 들어 자기소개 영상을 찍는다고 해보자. 노트북을 책상 위에 놓고 선 채로 촬영하면 내가 위에서 내려다보는 모습으로 나온다. 상대방을 압박하는 것처럼 보일 뿐 아니라 얼굴 전체가 어둡게 나와 인상도 나빠 보인다. 반면에 카메라를 눈높이보다 높게 두면 눈을 치켜뜨게 되어 남의 눈치를 보거나 자신감이 없는 듯한 인상을 준다.

화상 회의를 하다 보면 가끔 화면에 옆모습만 나오는 사람을 볼 수 있다. 모니터를 여러 대 사용하거나 외장형 웹캠을 자신의 옆에 둔 탓이다. 그런데 이렇게 옆모습만 비추면 설명을 제대로 듣지 않는 사람처럼 보일 수 있다. 눈높이는 카메라 위치에 맞춘 뒤 얼굴은 정면을 똑바로 바라보자.

특히 노트북은 높이를 조절할 수 있는 거치대에 올려 두고 사용하면 편하다. 외장형 웹캠을 사용할 때도 높이가 조절되는 삼각대의 도움을 받으면 좋다.

두 눈이 카메라와 같은 높이에 있는지 확인하고 싶다면 30센티미터 자나 줄자를 쓰는 것을 추천한다. 눈부터 카메라까지 자로 이었을 때 자가 바닥과 수평을 이루면 맞게 조절한 것이다.

사소한 차이가 인상에 큰 영향을 미친다. 상대방에게 어떻게 보일지를 고려해 장비를 미리 세팅해 놓자.

Key Point

카메라와 눈높이가 일직선이 되도록 위치를 조절한다.

설명 치트키 095

화면이 아닌 카메라를 바라보며 말한다

#실전을 위한 화상 회의 팁

온라인에서 카메라는 '상대방의 눈'이다. 컴퓨터 화면 속의 상대방과 눈을 마주치려면 카메라를 봐야 한다. 그런데 많은 사람이 무심결에 화면을 보고 말한다. 상대방의 표정이 궁금하기 때문이다. 이 경우에 상대방에게는 내 모습이 어떻게 보일까? 시선을 아래로 두고 말하는 상태가 되어 자신감이 없어 보이는 인상을 심어 주기 쉽다.

"눈은 입보다 더 많은 것을 말한다"라는 말이 있듯이, 눈에는 많은 정보가 담겨 있다. 예를 들어 사람은 무언가를 알아차리거나 흥미가 생기면 눈이 커지고, 두려움을 느끼면 시선을 피하기 위해 눈을 내리깐다. 이처럼 눈을 보면 상대방의 심리 상태를 읽을 수 있다.

하지만 카메라를 보면서 화면 속 상대방의 표정까지 읽기는 쉽지 않다. 눈을 맞추는 것이 먼저이므로, 일단 카메라를 보고 이야기하면서 상대방이 하는 말에 귀를 기울이자. 카메라 너머에 사람이 있다고 생각하면 시선이 자연스럽게 카메라로 향한다. 그러다가 가끔 화면을 훑으며 상대방의 반응을 확인하자.

참여자가 두세 명 정도로 적다면 화면 크기를 조절하거나 설정을 변경해 참여자가 나오는 화면의 위치를 카메라 가까이로 옮기는 방법도 있다.

줌(Zoom)을 이용하는 경우, '스피커 뷰' 기능을 선택하면 참여자가 나오는 화면이 말하는 사람의 화면 상단에 가로로 쭉 뜬다. 즉 참여자들의 화면이 카메라와 가까운 곳에 뜨기 때문에 카메라를 보고 이야기하면서 반응을 살필 수 있다. 카메라를 보면서 말하는 것이 익숙하지 않은 사람은 꼭 한번 시도해 보기 바란다.

Key Point

카메라 너머에 사람이 있다고 의식하며 말을 건넨다.

설명 치트키 096

움직임은 크게, 목소리는 높게

#120퍼센트 표현의 법칙

실제로 얼굴을 마주 보고 이야기할 때와 달리 온라인상에서는 서로에게 거리감을 느끼기 쉽다. 따라서 평소의 120퍼센트 정도로 표현을 해야 전달이 된다는 사실을 기억하자.

목소리 톤은 평소보다 조금 올리면 밝은 분위기를 자아낼 수 있다. 고개를 끄덕일 때도 얼굴을 위아래로 힘껏 움직이자. 이 정도로 크게 움직여야 화면 너머에 있는 상대방에게 잘 보인다. 놀라는 표정이나 미소를 지을 때도 과하다 싶을 정도가 딱 좋다.

온라인상에서 발표할 때는 상대방의 눈과 귀를 사로잡기 위한 전략이 필요하다. 예를 들어 다른 때와 마찬가지로 몸을 거의 움직이지 않은 채 "방금 설명한 부분이 정말 중요하니 꼭 기억하셔야 합니다"라고 나직한 목소리로 이야기하면 듣는 사람은 한 귀로 듣고 한 귀로 흘린다. "방금 설명한 부분이 정말 중요하니"라고 말하는 순간, 카메라에 몸을 앞쪽으로 기울인 뒤 "꼭 기억하셔야 합니다"라고 이어서 말해 보자. 발표자의 얼굴이 갑자기 화면에 크게 잡히기 때문에 듣는 사람은 집중할 수밖에 없다.

직접 마주 보고 설명할 때는 상대방에게 너무 가까이 다가가면 부담스러워할 수 있다. 하지만 온라인에서는 물리적으로 서로 떨어져 있기 때문에 발표자의 얼굴이 화면 가까이 다가오면 오히려 재미있게 받아들인다.

큰 동작으로 화면에 변화를 주면서 설명에 경쾌한 리듬감을 불어넣어 보자.

중요한 부분은 몸을 내밀어 얼굴을 카메라에 바짝 대고 말한다.

설명 치트키 097

질문은 되도록 많이 던진다

#청중과의 거리 좁히기

얼굴을 마주 볼 때는 상대방의 반응을 쉽게 확인할 수 있다. 예를 들어 청중이 "맞아요"라면서 맞장구치거나 발표자가 하는 말을 열심히 메모하면, 발표자는 사람들이 어떤 부분에 관심을 보이는지 알 수 있다. 또는 "방금 '맞아요'라고 하셨는데, 생각나는 에피소드가 있으신가요?"라고 질문을 던져 대화를 이어갈 수 있다.

하지만 온라인 환경에서는 발표자의 일방통행이 되기 쉽다. 설명을 듣는 동안 상대방 쪽에서 소리가 나지 않도록 '음 소거' 기능을 켜놓는 경우도 많다. 게다가 발표자는 상대방의 표정이나 제스처를 보고 반응을 읽어 내야 하는데, 카메라를 보고 말하며 그러기란 어려운 일이다.

나는 종종 온라인 강의를 진행하는데, 듣는 사람이 한 명일 때는 물론이고 대여섯 명일 때도 반드시 '음 소거' 기능을 꺼달라고 부탁한다. 그리고 강의하면서 "○○ 님은 지금까지 설명을 듣고 어떤 생각이 드셨나요?"라는 식으로 질문한다. 또한 자료를 화면에 띄우면서 "지금 공유한 자료를 모두 보고 계신가요?"라고 확인한다. 주제를 바꿀 때는 "지금부터 ○○에 대한 이야기로 넘어가려는데 괜찮을까요?"라고 동의를 구한다. 이렇게 질문을 던지면 상대방도 거기에 맞는 반응을 보여 주기 때문에 진행이 한결 매끄러워진다.

202쪽에서 질문을 던지면 같은 공간에 있다는 느낌을 줄 수 있다고 이야기했다. 특히 물리적인 거리가 있는 온라인상에서는 되도록 많은 질문으로 같은 시공간을 공유한다는 느낌을 주자.

Key Point

화면 너머의 상대방에게 동의를 구하면서 설명을 이어 나간다.

설명 치트키 098

15분 단위로 청중의 반응을 확인한다

#설명만큼 중요한 중간 점검

듣는 일에는 생각보다 많은 에너지가 필요하다. 특히나 서로 떨어져 있는 온라인상에서 긴 시간 동안 집중력을 처음부터 끝까지 유지하기란 쉽지 않다. 정신과 전문의인 가바사와 시온은《신의 시간술》에 "상당한 집중력이 지속되는 시간은 15분 정도이며 20분을 넘기지 못한다. 즉, 15분을 한 단위로 봐야 한다"라고 썼다. 그동안 강연이나 프레젠테이션을 진행해 온 경험을 돌이켜 봐도, 15분마다 화제를 바꾸거나 질문을 던졌을 때 청중이 가장 지루해하지 않고 잘 따라왔다.

온라인으로 발표할 때도 15분을 기준으로 "여기까지 이해되

셨나요?", "여기까지 이해하기 어려운 부분 있으십니까?"라고 물으면서 화면 속 청중의 반응을 확인하자.

발표자가 질문을 던져도 별다른 반응을 보이지 않으면 흥미를 잃었을 가능성이 크다. 그럴 때는 "지금부터 실제 사례를 몇 가지 소개하겠습니다"라고 운을 띄우고 듣는 사람이 관심을 보일 만한 이야기를 꺼내거나, 몇몇 사람에게 의견을 묻는 식으로 참여를 유도하면 좋다. 대상을 지목할 때는 "빨간색 옷을 입고 계신 ○○ 님"과 같이 옷차림이나 자리 위치로 누구인지 확실하게 밝힌다.

온라인 환경에서는 듣는 사람이 설명을 잘 따라올 수 있도록 늘 반응을 확인하는 것을 기억하자.

Key Point

온라인에서 설명할 때는 중간중간 멈춰서 반응을 확인하는 시간을 갖는다.

설명 치트키 099

조명과 마이크 장비를 체크한다

#인상을 바꾸는 작지만 큰 변화

온라인에서는 '화면 너머로 보이는 것'과 '귀에 들리는 소리'로 인상이 달라진다. 따라서 좋은 인상을 주고 싶다면 밝기와 소리를 모두 환하고 선명하게 유지해야 한다.

빛을 등지고 있거나 실내조명이 어두우면 화면에 얼굴이 거뭇하게 나와서 칙칙해 보인다. 반면에 옆쪽에서 자연광이 들어오면 화면에 얼굴이 밝게 나올 뿐만 아니라 머리카락에 빛이 반사되어 산뜻한 분위기를 낼 수 있다.

하지만 언제나 자연광을 이용할 수 있는 것은 아니다. 그런 때를 대비해 유튜버들이 많이 쓰는 링 라이트 조명이나 탁상용

스탠드를 마련해 두자.

소리를 깨끗하게 전달하고 싶다면, 정면에서 나오는 소리만 잡아내는 단방향 마이크를 추천한다. 컴퓨터에 내장된 마이크는 대부분 모든 방향에서 오는 소리를 담는 전방향 마이크여서 주위의 잡음까지 흘러들어 간다. 예를 들어 키보드를 탁탁 두드리는 소리가 마이크를 통해 전해질 수 있다.

또한 마이크가 달린 유선 이어폰을 쓰면 마이크의 위치에 따라 목소리가 잘 들리지 않거나 몸을 움직일 때마다 옷에 스쳐서 바스락거리는 소리가 날 수 있다. 이러한 잡음은 듣는 사람의 집중력을 떨어뜨리므로 되도록 유선 이어폰을 사용하는 것은 피하는 게 좋다.

'유튜버도 아닌데 그렇게까지 해야 하나?'라고 생각할 수도 있다. 하지만 요즘은 조명이든 마이크든 적당한 가격대로 구할 수 있는 제품이 많으니 꼭 시도해 보기 바란다. 작은 변화로 상대방에게 훨씬 좋은 인상을 남길 수 있을 것이다.

Key Point

화면 속 내 모습이 밝고 선명하게 보이도록 환경을 정비한다.

설명 치트키 100

자료 화면을 띄워 변화를 준다

#오늘은 내가 뉴스 진행자

화상 회의에서는 자료를 화면에 띄워야 할 때가 많다. 그런데 자료 화면을 공유하면 발표자가 나오는 화면은 작아진다. 그러면 아무리 열심히 몸을 움직여 가며 설명해도 상대방에게는 잘 보이지 않는다.

이때 발표자가 나오는 영상을 자료 화면 위로 띄우는 기능을 사용하자. 그러면 마치 뉴스를 보는 것처럼 자료 화면 앞에서 발표자가 설명하는 모습을 연출할 수 있다.

이 기능을 사용하면 발표자의 표정이 잘 보여서 서로의 거리가 훨씬 가깝게 느껴진다. 발표자가 배경에 나오는 자료를 손으로 가리키면 움직임에 따라 화면이 바뀌어 현장에서 설명을 듣는 듯한 느낌도 줄 수 있다. 화면에 변화가 생기면 사람들은 자료 화면만 볼 때보다 덜 지루해한다.

자료 화면 위로 발표자의 모습을 띄우는 방법은 어떤 화상 회의 프로그램을 쓰느냐에 따라 다르다. 줌에서는 '화면 공유' 메뉴에서 파워포인트를 가상 배경으로 설정하고 발표에 사용할 파일을 선택해서 열면 된다. 마이크로소프트 팀즈(Microsoft Teams)에서는 '발표자 모드' 메뉴에서 사용하고 싶은 모드를 선택한다. 어느 프로그램이든 방법은 어렵지 않으니 이것저것 누르며 시도해 보자.

자료 위에 겹쳐서 띄울 발표자 영상은 어느 곳에 둘지, 영상의 크기는 어느 정도가 적당할지 미리 정해 두면 편하다. 이때 발표자가 나오는 영상과 겹쳐서 슬라이드에 적힌 정보가 가려지지 않도록 주의해야 한다. 발표자가 나오는 영상의 위치와 크기를 고려해서 슬라이드의 레이아웃을 짜도록 하자.

Key Point

영상을 자료 화면 위로 띄우는 기능을 사용해 현장감을 높인다.

이제 캐치볼을 하듯 설명하라

당신은 설명 듣기를 좋아하는가? 또는 설명서를 즐겨 읽는 편인가? 아마 대다수는 "아니요"라고 대답할 것이다.

원래 사람은 설명을 듣거나 읽는 것을 좋아하지 않는다. 지루하기 때문이다. 그렇기에 설명 한 번으로 굳게 닫혀 있던 상대의 마음을 열고, 궁금증을 시원하게 풀어 주고, 행동을 이끌어내는 사람은 어디서든 환영받는다.

실제로 설명을 잘하면 주위의 신뢰가 두터워져 "다음에도 당신에게 부탁하고 싶다", "당신이라면 마음 놓고 맡길 수 있다"라는 말을 듣게 된다. 기획이나 제안이 한 번에 통과되고 메일을 여러 번 주고받지 않고도 일 처리가 매끄러워져 자신뿐 아니라 다른 사람의 시간까지 아낄 수 있다. 결국에는 "당신 덕분입니다"라는 감사의 말도 듣게 될 것이다.

그렇다면 이런 미래로 가는 길은 험난할까? 아니, 그렇지 않다. 우선 상대방을 잘 관찰하기만 하면 된다. 알다시피 이 정도 노력은 누구나 할 수 있다.

다른 사람과 캐치볼을 한다고 생각해 보자. 상대방이 아직 자세를 잡지 않았는데 공을 던지겠는가? 그러지 않을 것이다. 보통은 지금 던지겠다고 말한 뒤에 몸을 움직인다. 상대방이 받을 준비를 하는 곳과 다른 방향으로 공을 던지지도 않는다. 어린아이가 상대일 때는 공을 빠르고 세게 날리는 대신 힘을 빼고 살살 던진다. 이처럼 상대를 똑바로 마주한 뒤, 상대가 받기 쉽도록 공을 던질 것이다.

설명이라는 말의 캐치볼을 할 때도 마찬가지다. 설명이 잘 전해지지 않았다면, 상대방이 아직 준비하지 못했는데 공을 마구잡이로 던졌기 때문은 아닐까 하고 생각해 봐야 한다. 상대방이 자세를 잡고 기다리는 곳과 다른 방향으로 공을 던져서 우왕좌왕하게 만들었을 수도 있다. 또는 상대가 누구인지 고려하지 않고 공을 있는 힘껏 던져 깜짝 놀라게 했는지도 모른다. 이런 식으로 캐치볼을 하려고 들면 상대방은 당신과 더는 같이하고 싶어 하지 않을 것이다.

'설명'은 어렵지 않다. 캐치볼이다. 상대방이 공을 받을 준비가 되어 있는지, 어디에 서 있는지, 어떤 공을 던져야 하는지를 알고 싶을 때 이 책이 도움이 되길 바란다. 100가지 중 어느 하나라도 좋으니 시도해 보자. 설명하는 사람이나 듣는 사람이나 결국 환한 미소를 짓게 될 것이다. 그리하여 독자들이 기분 좋은 경험을 쌓아 간다면 저자로서 그보다 기쁜 일은 없다.

이 책을 집필하면서 많은 분의 도움을 받았다. 출판의 계기를 마련해 주신 '전달하는 힘(말하기·쓰기) 연구소'의 야마구치 다쿠로(山口拓朗) 소장, 기획부터 편집에 이르기까지 여러모로 조언해 주신 간키 출판사의 히사마쓰 게이스케(久松圭祐) 씨에게 진심으로 감사드린다.

그리고 알기 쉬운 비유의 예시를 소개해 주신 분들, 회사원 시절에 신세를 진 분들, 언제나 격려와 응원을 아끼지 않는 분들께도 이 자리를 빌려 감사의 말을 전한다.

마지막으로 이 책을 읽어 주신 독자들께 진심 어린 감사의 마음을 전한다.

옮긴이 조해선

경희대학교에서 국어국문학과 언론정보학을 전공했다. 현재는 바른번역에서 일본도서 기획과 번역에 힘쓰고 있다. 옮긴 책으로 《스탠퍼드식 최고의 수면법》, 《스탠퍼드식 최고의 피로회복법》, 《쓸데없는 말 한마디 안 했을 뿐인데》, 《아침의 재발견》, 《나도 일 잘할 수 있다》, 《비즈니스의 무기가 되는 디자인》, 《나는 이제 마음 편히 살기로 했다》 등이 있다.

말하다가 길을 잃는 당신을 위한 설명 치트키 100

초판 1쇄 인쇄 2026년 1월 21일
초판 1쇄 발행 2026년 1월 29일

지은이 후카야 유리코
옮긴이 조해선
펴낸이 유정연

이사 김귀분
책임편집 유자영 **기획편집** 신성식 조현주 이지은 유리슬아 황서연 정유진 **디자인** 안수진 기경란
마케팅 반지영 박중혁 하유정 **제작** 임정호 **경영지원** 박소영

펴낸곳 흐름출판(주) **출판등록** 제313-2003-199호(2003년 5월 28일)
주소 서울시 마포구 월드컵북로5길 48-9(서교동)
전화 (02)325-4944 **팩스** (02)325-4945 **이메일** book@hbooks.co.kr
홈페이지 hbooks.co.kr **인스타그램** instagram.com/nextwave_pub
출력 · 인쇄 · 제본 삼광프린팅(주) **용지** 월드페이퍼(주) **후가공** (주)이지앤비(특허 제10-1081185호)

ISBN 978-89-6596-794-1 03190

• 흐름출판은 독자 여러분의 투고를 기다리고 있습니다. 원고가 있으신 분은 book@hbooks.co.kr로 간단한 개요와 취지, 연락처 등을 보내주세요. 머뭇거리지 말고 문을 두드리세요.
• 파손된 책은 구입하신 서점에서 교환해드리며 책값은 뒤표지에 있습니다.